A Verdade sobre o Mundo Espiritual

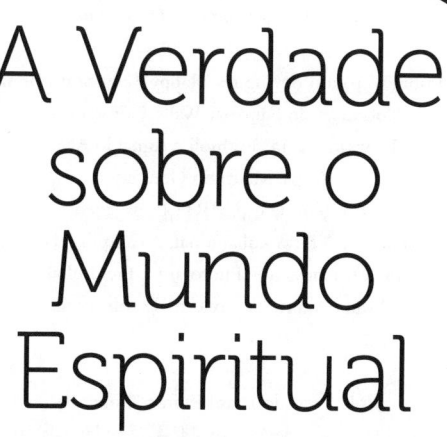

A Verdade sobre o Mundo Espiritual

Guia para uma vida feliz

RYUHO OKAWA

IRH Press do Brasil

Copyright © 2018, 2015 Ryuho Okawa
Título do original em japonês: *Reiteki Sekai No Hontou No Hanashi*
Título do original em inglês: *Spiritual World 101 –*
A Guide to a Spiritually Happy Life

Tradução para o português: Happy Science do Brasil
Coordenação editorial: Wally Constantino
Revisão: Laura Vecchioli e Agnaldo Alves
Capa: Maurício Geurgas
Imagem de capa: IRH Press Japão
Imagens do miolo: © liliya kulianionak / kamphi / James Steidl /
Irina Opachevsky / Photosani / PictureLake /
StudioAraminta / tylern -Fotolia.com

IRH Press do Brasil Editora Limitada
Rua Domingos de Morais, 1154, 1º andar, sala 101
Vila Mariana, São Paulo – SP – Brasil, CEP 04010-100

Todos os direitos reservados.
Nenhuma parte desta publicação poderá ser reproduzida, copiada,
armazenada em sistema digital ou transferida por qualquer meio, eletrônico,
mecânico, fotocópia, gravação ou quaisquer outros, sem que haja permissão
por escrito emitida pela Happy Science – Ciência da Felicidade do Brasil.

ISBN: 978-85-64658-31-8

Sumário

Prefácio 11
Introdução 12

PARTE UM

Quem sabe a respeito do outro mundo não tem medo da morte

1

O que acontece com as pessoas depois que morrem?

1. O que ocorre na hora da morte? 16
2. O que você experimenta depois que o espírito se separa do corpo? 22
3. Depois que se torna um espírito, a pessoa ainda sente fome e sono? 27
4. Depois que se torna um espírito, a pessoa continua a envelhecer? 29
5. O que ocorre após a morte com pessoas que cometeram suicídio? 31

2
A verdadeira forma do Céu e do Inferno

1. Como é o outro mundo?..36
2. No mundo espiritual, o que é o "Mundo do Verso"? 42
3. Que tipo de lugar é o Inferno? 45
4. Que tipo de pessoa cai no Inferno? 49
5. O que eu preciso fazer para voltar para o Céu depois da morte? 52

Mistérios do Mundo Espiritual 1: Por que não conseguimos ver o outro mundo ou os espíritos..56

PARTE DOIS

O conhecimento deste mundo e do próximo propicia uma vida feliz

3
Como nascemos neste mundo?

1. A reencarnação e as vidas passadas existem de fato? 60
2. Os humanos podem reencarnar como animais? 63
3. O que é o carma? 64

4
É possível mudar nosso destino?

1. O destino é fixo e imutável?..70
2. O tempo de vida de uma pessoa está predeterminado?..........72
3. Será que realmente existe um "fio vermelho do destino"?.....74

Mistérios do Mundo Espiritual 2: Como funciona o processo de reencarnação? 78

5
Você não está sozinho na vida

1. Qual o significado do termo "espírito guardião"?.................82
2. Por que continuo me sentindo infeliz apesar de ter um espírito guardião?...85
3. O que é necessário fazer para receber orientação de um espírito guardião? 88

6
Você também pode se tornar um anjo

1. Os anjos existem realmente?..92
2. Que tipo de pessoa reencarna como anjo (*bodhisattvas, tathagatas*)?..96
3. Eu posso me tornar um anjo?...100

Mistérios do Mundo Espiritual 3: Diálogo com Madre
Teresa no mundo espiritual... 102

PARTE TRÊS

Como evitar más influências espirituais

7

Cerimônias rituais que podem salvar os espíritos no outro mundo

1. Será que minha infelicidade contínua é causada por
ancestrais meus que estão perdidos? 106
2. Qual é a maneira correta de realizar cerimônias rituais
para os ancestrais? 109
3. É necessário realizar cultos para animais de estimação
mortos? 113

8

Existem maus espíritos?

1. O que são maus espíritos?..116
2. O que é um demônio? Como os demônios diferem dos maus
espíritos? 118

3. O que é possessão? 122

4. O que deve ser feito para vencer maus espíritos e demônios? 127

Mistérios do Mundo Espiritual 4: A rede no fundo do coração que conecta toda a existência............................ 131

PARTE QUATRO

A verdadeira compreensão de Buda e de Deus

9

Conheça o grande amor de Buda e de Deus

1. Deus existe de fato? Há alguma prova? 134
2. Se Deus existe, como explicar a existência do mal no mundo? .. 137
3. Se Deus existe, por que Ele não destrói o Inferno? 141

10

A fé é maravilhosa

1. Qual é o correto: o monoteísmo ou o politeísmo? 144
2. Que tipo de ser é El Cantare? 148
3. Existe algum mérito em seguir uma religião verdadeira? 151
4. Por que a fé é importante? 154

Epílogo 156
Posfácio.. 161
Sobre o Autor 163
Sobre a Happy Science 167
Contatos.. 169
Partido da Realização da Felicidade 174
Universidade Happy Science 175
Filmes da Happy Science 178
Outros livros de Ryuho Okawa 181

Prefácio

Nesta obra, adotei o formato de perguntas e respostas para falar de maneira mais direta sobre algumas questões que me parecem óbvias.

Em termos modernos, seria uma espécie de "guia sobre o mundo espiritual", com dicas para ajudar a compreender a real condição da humanidade e o que fazer para ter uma vida verdadeiramente feliz.

No conjunto, este livro pode ser descrito como uma introdução básica à religião, escrita em um estilo fácil de compreender.

Espero sinceramente que este livro mostre a você o ponto de vista correto para encarar a vida e possa levá-lo a uma existência espiritualmente feliz.

Ryuho Okawa

Introdução

Acreditar no outro mundo traz felicidade

Você já se perguntou o que lhe traria mais felicidade: crer ou não na existência do outro mundo?

Vamos dizer que agora você tenha 40 anos e, portanto, ainda conte com outros 40 anos de vida até alcançar a idade em que as pessoas geralmente morrem. Se você pensa que vai fazer muitas coisas nos próximos 40 anos, mas depois morrerá com uns 80, será cremado e não vai sobrar nada para indicar que viveu, a não ser um punhado de ossos e um pouco de dióxido de carbono, então essa perspectiva dificilmente pode ser considerada feliz. Com certeza você ficará muito mais feliz se acreditar que viverá com seu nome atual, mas que sua alma e sua energia continuarão após sua morte, para sempre.

Se tudo terminasse com a morte, então a moral, as filosofias e as religiões seriam algo sem sentido. Que razão haveria para melhorar seu caráter? Que razão você teria para estudar, trabalhar arduamente ou se esforçar para ter bons relacionamentos pessoais? Que sentido teria colocar tanto empenho em viver?

Se a morte pusesse um fim em tudo, a vida seria realmente algo sem sentido. Não haveria motivo para progredir, você não precisaria se esforçar nem se dedicar aos estudos ou ter o objetivo de aprimorar o próprio caráter. Alguém que propusesse isso seria visto como um enganador. Mesmo que, ao aperfeiçoar seu caráter, você conseguisse melhorar de status, ganhar mais dinheiro ou obter outras formas de felicidade mundana, se isso terminasse com a morte teria pouco sentido.

Que maneira de pensar você acha que leva à verdadeira felicidade? Se você acredita que as melhorias pelas quais você luta neste mundo poderão ser levadas consigo até o mundo pós-morte, e que seu caráter continuará existindo no próximo mundo, então, com certeza, os esforços que está fazendo agora terão mais sentido; sua dedicação parecerá uma atitude magnífica.

A questão é em qual dessas duas hipóteses você acredita: que tudo termina com a morte ou que o seu caráter continuará no outro mundo e que, se você fizer o maior esforço possível, será capaz de continuar a realizar coisas maravilhosas mesmo depois de morto? Em qual dessas possibilidades você quer apostar? Qual dessas crenças irá lhe trazer mais felicidade?

Como pretendo explicar neste livro, tenho provas absolutas da existência de um mundo após a morte. Não há a menor dúvida de que apostar na existência de um mundo após a morte permitirá que você tenha uma vida mais feliz.

Quero que você decida por si mesmo qual dessas duas maneiras de pensar lhe trará mais felicidade, que aceite aquela que deve ser aceita e que estude essa sabedoria com serenidade. Considero isso muito importante.

Assim que você tiver conhecimento do mundo real, depois de entender que a maneira com que vive sua vida agora irá definir para qual dos reinos irá no próximo mundo, você, no mínimo, não precisará mais ter medo do mundo após a morte.

[Parte 1]
Quem sabe a respeito do outro mundo não tem medo da morte

Capítulo 1

O que acontece com as pessoas depois que morrem?

O que ocorre na hora da morte?

As pessoas geralmente têm dificuldade para perceber que morreram

Quando o corpo físico morre, o indivíduo não desaparece. O corpo físico é habitado por uma alma e, após a morte corpórea, a alma sai do corpo e segue viagem para o outro mundo.

No entanto, as pessoas costumam ter muita dificuldade para entender que estão mortas. É claro, há aquelas que abandonam o próprio corpo no mesmo dia em que falecem, porém o mais comum é que elas não entendam que aquele corpo físico morreu de fato. Permanecem no próprio corpo por um tempo e têm simplesmente a sensação de que sua doença se estendeu por mais um pouco.

Os que estão à volta de quem faleceu podem fazer comentários do tipo: "Agora ele foi embora", mas o indivíduo que morreu não entende o que os outros estão querendo dizer e pensa: "Do que eles estão falando? Eu ainda estou aqui!". Para constatar o fato, talvez o médico abra e feche as pálpebras do falecido, fazendo brilhar luzes muito fortes em seus olhos.

A pessoa morta então se queixa e pensa: "O que é que esse indivíduo está fazendo? Há luz demais aqui", mas o médico apenas comenta: "Não vejo nenhuma reação, a pupila continua dilatada". Ou ele pode dizer: "O coração parou", mas quando o falecido coloca a mão no próprio peito, ainda sente as batidas de seu coração.

Isso ocorre porque o coração do corpo espiritual continua batendo. E a pessoa que morreu pensa: "O que ele quis dizer com essa história de que meu coração parou? Ele ainda está batendo! Acho que esse médico errou o diagnóstico! Olha só, agora disse que minhas ondas cerebrais pararam... esse médico deve estar louco! Meu cérebro está funcionando como sempre. O que será que deu nele?".

Ou seja, é muito comum as pessoas mortas acharem que ainda estão vivas – elas não têm consciência de que morreram de fato. Além disso, no início elas ainda continuam dentro de seu corpo físico, então os eventos que ocorrem à volta delas parecem muito estranhos e reais.

Elas só começam a compreender que estão mortas quando assistem ao próprio funeral

Quando a pessoa está no hospital, o médico pode dizer: "Sinto muito, ele morreu", e a família toda se inclinará em lágrimas sobre o corpo do falecido. Mas ele não será capaz de entender o que está ocorrendo. "Por que todos estão chorando? Por que ninguém chorava quando eu ainda estava bem? Se querem tanto chorar, por que não fizeram isso antes?" Porém, a família parecerá incapaz de ouvi-lo, então o falecido verá que não consegue mais se mexer e achará isso muito estranho.

Naquela noite haverá um velório, serão feitos os arranjos para o funeral e chegarão várias pessoas para ajudar. Se o falecido tiver um pouco de conhecimento acerca da vida após a morte, poderá ficar confuso e pensar: "Parece que eu morri, mas não sinto que isso tenha acontecido de fato". Por outro lado, aqueles que têm pouca consciência do que aconteceu sentem-se totalmente perdidos, achando que ainda estão vivos e que os outros estão agindo como loucos.

Quando o velório ou o funeral tem início, pode ser que o falecido veja sua foto numa moldura, algumas coroas de flores, e pense: "Isso aí só pode ser piada. Bem, agora chega, está na hora de parar com isso, afinal ainda estou vivo".

O "cordão de prata" que liga a alma ao corpo irá se romper

Durante esse período, a alma fica entrando e saindo do corpo. Ela ainda permanece dentro de sua casa, mas o indivíduo às vezes pode ver-se flutuando acima do telhado ou pairando logo abaixo do teto. Fica assustado ao olhar para baixo e retorna para seu corpo; logo depois, sai de novo, flutua, e isso se repete várias vezes.

Os seres humanos possuem um "cordão de prata", um filamento muito delgado que sai da parte de trás do crânio e conecta a alma ao corpo físico. Na Happy Science, nos referimos a ele simplesmente como "cordão de prata". Desde que ele esteja intacto, a alma sempre tem como retornar ao próprio corpo. Mas, quando esse cordão se rompe, a alma nunca mais consegue habitar de novo aquele corpo.

Nesse sentido, podemos dizer que a verdadeira morte não ocorre quando o corpo para de funcionar; esse processo quase sempre leva cerca de um dia para ser concluído após a morte do corpo físico.

O que é o cordão de prata?

O verdadeiro momento da morte:
Quando o cordão de prata se rompe, a alma não consegue mais retornar para o corpo físico. O verdadeiro momento da morte é quando o cordão de prata se rompe. De modo geral, depois que o coração para de bater, passam-se 24 horas para o cordão de prata se romper.

Cordão de prata:
O corpo e a alma permanecem conectados por um cordão de prata.

Alma

Corpo

Desde os tempos antigos, a existência do cordão de prata é conhecida em diferentes partes do mundo. Ele aparece descrito no Antigo Testamento e também em alguns livros da época de Sócrates. No Japão, o cordão de prata costuma ser chamado tradicionalmente de "cordão de uma alma".

Há pessoas que não querem morrer e tentam resistir

Quando o indivíduo não quer morrer e tenta resistir, o tempo para o cordão se romper pode se estender um pouco mais. Às vezes, o cadáver fica tão rígido após a morte (*rigor mortis*) que não se consegue manuseá-lo para ser acomodado no caixão. Isso indica que a alma daquela pessoa está se rebelando. É como se ela dissesse: "Não quero morrer. Não importa o que aconteça, eu não vou entrar aí", e então ela faz de tudo para resistir.

Esse tipo de situação pode ser extremamente difícil. Algumas pessoas entram em pânico quando veem o próprio corpo sendo cremado e voltam para casa, onde podem repreender a família dizendo: "Vocês não têm dó de mim? Querem que eu morra? Vão ficar felizes com isso? Por que vocês querem me matar? Deveriam pelo menos cuidar de mim por mais um ou dois meses". No entanto, os familiares não têm como ouvir essas queixas.

Há outras pessoas que percebem que morreram, mas reclamam do modo como foram tratadas: "Não é assim que vocês deviam ter feito meu funeral, vocês não fizeram do jeito certo", ou então: "Vocês procuraram gastar o mínimo no meu enterro" ou "Não precisavam ter sido tão mesquinhos assim".

O que você experimenta depois que o espírito se separa do corpo?

O espírito ainda fica vagando por este mundo por cerca de três semanas após a morte

O espírito do falecido deixa este mundo em 49 dias depois de sua morte; na realidade, o espírito não deve ficar neste mundo por mais de 21 dias – ou seja, três semanas –, e esses 49 dias são o maior tempo que ele pode permanecer aqui.

Até se completar esse período, o espírito fica por sua conta, não está preparado para passar de vez para o próximo mundo, vai e volta entre os dois mundos e ainda observa as pessoas aqui na Terra. No início, ele quer saber como será seu funeral, depois como seus bens serão divididos. Fica preocupado com seu trabalho, se os filhos estão se saindo bem ou se a esposa já arrumou um novo amor. Preocupa-se com diferentes questões, e isso faz com que fique vagando neste mundo por quase dois meses.

Nesse ponto, porém, ele é instruído a resolver essa situação e partir. Na verdade, quando alguém morre, recebe um espírito guia cuja tarefa é conduzi-lo ao outro mundo, mas ele ainda se sente atraído a voltar para o nosso. A pessoa tem permissão de continuar aqui enquanto aprende as diferenças entre este mundo e o próximo, mas depois de certo tempo os aspectos materiais do corpo espiritual, que estão enraizados neste mundo, vão aos poucos se dissolvendo. Nessa hora, a pessoa que morreu recebe instruções para partir e passar para o outro mundo.

A travessia pelo rio Estige

Em seguida, o espírito do falecido chega a um rio, conhecido entre os antigos gregos como rio Estige e que os japoneses chamam de rio Sanzu. Depois de atravessá-lo, a pessoa está de fato no mundo dos mortos. Primeiro, ela entra no chamado "Reino Astral" ou "Reino Póstumo", que fica na entrada do mundo espiritual.

A margem oposta do rio geralmente é coberta de flores de colza ou de outras espécies belíssimas, e o falecido encontra parentes e amigos esperando por ele. Em razão disso, muitos acreditam equivocadamente que chegaram ao Céu. Mas esse lugar não é exatamente o Céu; o primeiro lugar aonde se chega é o Reino Astral, onde as pessoas que morreram permanecem até que se decida se serão mandadas para o Céu ou para o Inferno.

O destino final é determinado pela autorreflexão que o indivíduo faz de sua vida

Enquanto não for decidido para onde o falecido irá, ele vive como espírito por certo tempo e reflete sobre sua vida na Terra. Durante esse período, tem a oportunidade de rever cenas da própria vida, como se assistisse a trechos de um filme, e seu espírito guia intervém de vez em quando para acompanhá-lo.

Hoje, estamos habituados a ver filmes aqui na Terra, por isso é nesse formato que as cenas aparecem no outro mundo, mas às vezes também são exibidas em uma espécie de espelho. Antigamente, antes da existência dos filmes, dizia-se que os feitos da pessoa eram listados em livros, que apareciam na hora de seu julgamento. No budismo, esses livros são chamados de "Registros de Enma" – Enma é o juiz do Inferno.

O cientista, filósofo e místico Emanuel Swedenborg (1688-1772) deixou uma grande obra intitulada *Experiências no Pós-Mundo* (*Arcana Cœlestia*), na qual relata o que viu ao se transportar para o outro mundo.

Ele narra o caso de um indivíduo que estava para realizar reflexões sobre sua vida na Terra. Esse espírito recebera suborno e agira mal em vida, e todos os detalhes de sua conduta estavam descritos em um pequeno livro. O espírito que deveria julgá-lo observava de perto o rosto e o corpo daquele indivíduo, e de repente o livro no qual constavam suas más ações em vida voou do chão e pousou a seus pés, com as páginas esvoaçando abertas, para que outros espíritos presentes pudessem ver "os crimes que ele havia cometido no passado".

Esse livro continha até mesmo relatos detalhados de coisas que o espírito daquele indivíduo já esquecera que havia feito. Relacionava tudo o que ele já havia pensado e feito em sua vida terrena e, à medida que as páginas viravam, uma por uma, os outros espíritos conseguiam entender "tudo o que ele tinha pensado e feito". Incluía até aquilo que ele não havia anotado, o que o deixou impressionado.

Ao que parece, essa era a maneira pela qual as pessoas costumavam ver seus feitos no passado. Quando alguém reflete sobre seus pensamentos e ações, às vezes esses registros aparecem por escrito. Porém, hoje é mais comum que sejam mostrados visualmente, na forma de filmes, ou refletidos em um espelho. O destino da pessoa, portanto, é decidido por meio desse tipo de reflexão sobre suas ações.

O que você vai experimentar depois da morte

1

Preparar-se para partir para o outro mundo:

Por cerca de três semanas após a morte, você irá observar seus familiares e outras pessoas na Terra com as quais se preocupa.

2

Atravessar o rio Estige:

Um espírito virá guiá-lo em sua partida para o outro mundo e você atravessará o rio Estige.

3

Refletir sobre sua vida inteira:

Sua vida inteira será mostrada a você numa espécie de filme. Depois de refletir sobre seus atos e pensamentos ao longo de sua existência terrena, será decidido o seu destino no outro mundo.

**Extraído do filme *As Leis da Eternidade*
Ryuho Okawa**

Depois que se torna um espírito, a pessoa ainda sente fome e sono?

Basicamente, as pessoas não têm apetite no outro mundo

Ao voltar para o outro mundo, você não possui mais um corpo físico; portanto, não há mais necessidade de se alimentar. Algumas pessoas que residem na quarta e na quinta dimensões conservam o hábito de comer, mas o fazem apenas para desfrutar da sensação de comer, sem consumir alimentos de fato.

Quando recebem visitas ou estão conversando, sentem que falta algo, então comem e bebem, mas não experimentam realmente uma sensação de saciedade, no sentido físico.

No mundo do espírito, a fonte de energia vem do Sol Espiritual, e os espíritos que vivem ali recebem essa energia espiritual. Por isso, o desejo de comida, tão forte neste mundo, basicamente não existe no próximo.

Os espíritos do outro mundo são ativos o dia inteiro

A seguir, eu gostaria de falar sobre o sono. Neste mundo terreno, as pessoas geralmente dormem em média oito horas por dia. Mas, no outro mundo, os espíritos não dormem. Lá é dia o tempo inteiro; ninguém dorme. É claro que, emocionalmente, os espíritos podem ter a sensação de estar "descansando o corpo", mas o sono propriamente dito não existe no outro mundo.

Enquanto no Inferno é sempre noite, no Reino Celestial é sempre dia. Assim, embora os espíritos do Reino Celestial possam achar que estão relaxando, não estão de fato dormindo.

Enquanto estamos vivendo em um corpo físico, é impossível ficar sem comer e sem dormir; no entanto, depois que o perdemos, tudo isso não é mais necessário. Porém, quando um indivíduo mantém esses desejos por muito tempo após a morte, significa que seus valores estão invertidos: ou ele considera a carne mais importante que o espírito ou acredita que tudo o que possui é a carne.

Depois que se torna um espírito, a pessoa continua a envelhecer?

No mundo espiritual, você pode assumir a aparência que quiser

Como seria de esperar, a imensa maioria dos mortos é composta por idosos, e, se todos eles preservassem a mesma consciência que possuíam no momento da morte, o outro mundo se transformaria num "Paraíso dos idosos". Isso significa que haveria casas de pessoas idosas espalhadas por todos os lados, o que tornaria o cenário bem diferente daquilo que se costuma imaginar. Não que isso seja algo ruim, mas com certeza faz com que o aspecto do Céu não seja o que geralmente se imagina.

Na realidade, depois que as pessoas deixam a Terra, elas passam um tempo aprendendo a se livrar das características terrenas. Esse período varia de uma pessoa para outra. Algumas conseguem passar por essa fase rapidamente, digamos três dias, ou até voltam diretamente para o reino de onde se originaram; mas, na média, são necessários cerca de três anos, durante os quais as pessoas vão para um lugar onde recebem um treinamento para a alma, a fim de se limparem das impurezas que acumularam na Terra.

Nesse treinamento, tornam-se cientes da verdadeira essência de sua alma. Depois, seus espíritos guardiões[1] e espíritos guias lhes ensinam o que significa ter uma existência espiritual. Ao mesmo tempo, eles ensinam também que no mundo espiritual você pode mudar sua aparência à vontade, e o recém-chegado aprende isso por experiência própria.

Por exemplo, no caso da vestimenta, basta a pessoa pensar no que gostaria de usar e a roupa aparece na frente dela. Assim, as pessoas são ensinadas a fazer isso e experimentam por si mesmas.

Em geral, são necessários três anos do tempo terrestre para que as pessoas dominem isso, mas depois são capazes de adotar a forma que quiserem. Quem gosta de parecer mais velho adota o aspecto de idoso, e quem prefere uma aparência jovem também pode optar por isso.

---

[1] O espírito guardião é uma entidade encarregada de proteger uma pessoa na Terra. Para cada pessoa na Terra é designado um espírito guardião (ver a página 82 deste livro). O espírito guia geralmente é uma entidade de nível espiritual mais elevado que o do espírito guardião, e sua principal função é orientar a pessoa na Terra com relação à sua missão.

O que ocorre após a morte com pessoas que cometeram suicídio?

Há duas opções: ou elas se tornam espíritos aprisionados na Terra ou então caem no Inferno

Seria incorreto afirmar que elas têm 100% de chance de ir para o Inferno, mas a grande maioria vai para o Inferno ou para o estágio imediatamente anterior a ele. Embora alguns suicidas caiam direto no Inferno, muitos permanecem num estágio anterior a esse reino, sem compreender que estão mortos. Seu apego ao mundo faz com que levem o mesmo tipo de vida que tinham quando vivos ou se tornem espíritos presos à Terra, vagando em torno do lugar onde morreram.

Desse modo, há indivíduos que continuam com sua obsessão por pessoas ou objetos deste mundo e que não são capazes nem de chegar ao Inferno. É claro que, se forem de fato para o Inferno, sua dor será ainda mais acentuada, mas há muitas pessoas que não conseguem ir tão longe.

Isso não significa, porém, que um indivíduo que cometeu suicídio não possa ir para o Céu. Por exemplo, Takamori Saigo, um dos personagens da história do Japão, matou-se depois de ser ferido, o que deve ser considerado como suicídio. Outra figura é o general Nogi, que seguiu seu imperador na morte e, portanto, também deve ser considerado um suicida. No entanto, nenhum dos dois foi para o Inferno. Eles, sem dúvida, passaram por muito sofrimento quando morreram, mas depois foram direto para o Reino Celestial, onde assumiram seu lugar entre os deuses.

Uma das razões pelas quais eles não caíram no Inferno é que possuíam um coração puro enquanto vivos, mas penso que também teve importância o fato de serem altamente respeitados por um grande número de pessoas. Não é nada inédito que diferentes princípios afetem esse tipo de desfecho.

Pessoas que cometem suicídio como uma forma de fuga não voltam para o Céu

Na maioria dos casos, entretanto, é muito raro que pessoas que cometeram suicídio como uma forma de escapar dos problemas deste mundo cheguem a ir para o Céu. É quase seguro dizer que para elas isso é praticamente impossível. Dificilmente as pessoas que morrem sem nenhum conhecimento do Mundo Real vão para o Céu. Mesmo que os anjos tentem convencê-las, elas não lhes darão ouvidos.

O fato é que quem não ouve os conselhos dos outros enquanto está na Terra não irá ouvi-los quando estiver no outro mundo.

Saiba Mais 1

Suicídio após a morte

Muitas das pessoas que cometeram suicídio não entendem que já estão mortas. Por exemplo, alguém que tenha se enforcado pode continuar a se enforcar outras vezes, mesmo depois de já ter morrido. Como o indivíduo ainda acredita que é incapaz de morrer, ele sai pelo mundo tomando posse de pessoas vivas e faz com que elas se enforquem. Assim, revive o momento de sua morte várias vezes.

Se a pessoa veio à Terra com a missão de viver até os 80 anos, mas comete suicídio aos 50, então não conseguirá entrar no Céu ou no Inferno durante esses 30 anos que lhe faltam para completar os 80.

[Parte 1]
Quem sabe a respeito do outro mundo não tem medo da morte

Capítulo 2

A verdadeira forma do Céu e do Inferno

1

Como é o outro mundo?

O outro mundo coexiste com este nosso mundo

Eu gostaria de apresentar agora uma visão geral do outro mundo, chamado de mundo espiritual. Embora seja muito variado, ele pode ser descrito como o lugar para onde as pessoas vão depois de abandonarem este mundo, ou seja, o local para onde a alma dos seres humanos se dirige depois que o corpo morre.

Um aspecto importante: não quero que você imagine o mundo espiritual como um lugar que existe acima das nuvens; ele coexiste com o nosso, no mesmo espaço que estamos ocupando.

Sem dúvida, quando alguém tenta explicar o mundo espiritual, diz que ele se divide em vários níveis, uns mais elevados que os outros. Também é comum ouvirmos que o reino dos espíritos elevados parece estar localizado a milhares ou dezenas de milhares de metros acima da Terra, mas isso são apenas analogias, usadas para descrevê-lo em termos que as pessoas deste planeta sejam capazes de entender. O fato é que, por ser um mundo espiritual, ele pode coexistir com o mundo material. Portanto, o mundo espiritual não é algo que exista distante de nós; eu gostaria que você compreendesse que se trata de algo que está aqui entre nós, simultaneamente com o mundo em que vivemos.

Ele pode ser comparado a ondas de rádio, invisíveis aos olhos, mas que preenchem o nosso mundo. Por exemplo, cada canal de televisão mostra uma variedade de imagens, todas elas transmitidas por ondas que percorrem todo o planeta. O mundo espiritual se assemelha ao mundo das ondas de rádio: seu comprimento de onda e sua frequência são diferentes; assim, ele constitui um mundo diferente, mas não está situado absolutamente em um lugar distinto. Está aqui mesmo.

Em outras palavras, como ocorre com a televisão, se você tivesse um aparelho que captasse as ondas adequadas, uma hora você veria o Inferno, no momento seguinte veria o Reino do Céu, e em seguida poderia ver o reino dos espíritos elevados.

O outro mundo é multidimensional

Um dos pontos importantes nos ensinamentos da Happy Science sobre o mundo espiritual é que nós explicamos de maneira clara o conceito de "dimensões".

A física e a matemática admitem que, além da terceira dimensão em que vivemos, formada pelas três dimensões de altura, largura e profundidade, existe ainda uma quarta dimensão, que contém o elemento adicional do tempo e dá origem a um mundo composto por altura, largura, profundidade e tempo.

A ciência também aceita a existência hipotética da quinta, sexta, sétima, oitava e nona dimensões. No entanto, trata-se somente de uma teoria; o que os cientistas fazem é especular sobre a existência dessas dimensões, mas eles não têm ideia de que tipos de mundo elas abrangem na realidade.

Em relação a isso, posso dizer que empreendi todo tipo de pesquisa no mundo espiritual e, como resultado, sou capaz de afirmar que essas outras dimensões, apenas especuladas pela física, existem sem dúvida alguma.

A quarta dimensão, conhecida como o "Reino Póstumo", é o mundo para o qual as pessoas vão imediatamente após a morte. Dentro dele, em seus níveis mais baixos situa-se o lugar conhecido como "Inferno", enquanto nas suas esferas mais elevadas fica o chamado "Reino Astral".

Acima deste fica o "Reino dos Bondosos", ou quinta dimensão, um lugar povoado por boas pessoas. Em seguida vem a sexta dimensão, chamada de

"Reino da Luz". Os habitantes desse reino são quase deuses, e os mais virtuosos dentre eles são de fato cultuados como deuses pelas pessoas que vivem na Terra. É um mundo que reúne especialistas de todos os campos, e também onde vivem os espíritos com missões especiais.

Acima do "Reino da Luz" fica a sétima dimensão, que os budistas chamam de "Reino dos *Bodhisattvas* ou Anjos". É um reino habitado por entidades que vivem para ajudar os outros, isto é, seres cujo principal objetivo é realizar atos de amor. Eles se preocupam bem pouco consigo mesmos; ao contrário, procuram orientar e salvar o maior número possível de pessoas. É só para isso que vivem esses espíritos do amor, encontrados no Reino dos *Bodhisattvas*, ou da sétima dimensão.

A oitava dimensão é a do "Reino dos *Tathagatas*", onde vivem os fundadores das religiões mundiais, os filósofos, as grandes figuras políticas e outras personagens extraordinárias, que se destacaram em suas áreas e moldaram a história do mundo.

A nona dimensão é a mais elevada que um espírito humano pode aspirar alcançar. Conhecida como "Reino Cósmico", ela abriga aqueles seres chamados de "grandes *tathagatas*". Considera-se que esse é o reino dos salvadores. Nele vivem Buda Shakyamuni,

Cristo, Moisés e outras entidades como eles. Em outras palavras, é o mundo onde residem aqueles indivíduos que fundaram filosofias fundamentais, que só descem à Terra com intervalos de milhares de anos, a fim de estabelecer novas culturas e civilizações.

Para informações mais detalhadas sobre essa estrutura dimensional, por favor, leia o capítulo 1 do meu livro *As Leis do Sol*[2] ou a obra *As Leis da Eternidade*[3]. Em particular, no livro *As Leis da Eternidade* há um capítulo especial sobre cada dimensão. O primeiro deles é intitulado "A Quarta Dimensão", o segundo, "A Quinta Dimensão" e assim por diante. Eles fornecem informações detalhadas que espero que você consulte.

---

[2] *As Leis do Sol*, 2ª ed. revista e ampliada. São Paulo: IRH Press do Brasil, 2015.
[3] *As Leis da Eternidade*. São Paulo: Cultrix, 2007.

Estrutura dimensional no outro mundo

Nona dimensão – Reino Cósmico:
Reino dos salvadores

Oitava dimensão – Reino dos *Tathagatas*:
Reino dos espíritos de grandes personalidades que moldaram a história de diferentes eras

Sétima dimensão – Reino dos *Bodhisattvas*:
Reino dos espíritos cujo objetivo principal é ajudar os outros

Sexta dimensão – Reino da Luz:
Reino dos especialistas e dos espíritos divinos

Quinta dimensão – Reino dos Bondosos:
Reino dos espíritos de bom coração

Quarta dimensão – Reino Póstumo:
Reino para onde as pessoas vão logo após a morte

Inferno
O Inferno não é propriamente um reino igual e oposto ao Céu; ele existe na camada inferior do Reino Póstumo.

Terceira dimensão – Reino da Terra

Mundo do Verso – Reinos dos *Sennins* e dos *Tengus*

No mundo espiritual, o que é o "Mundo do Verso"?

Os reinos dos magos, dos sennins (feiticeiros eremitas) e dos tengus (duendes)

As várias dimensões do mundo espiritual não são definidas apenas verticalmente, mas também no sentido horizontal. Para ser mais exato, existe o "Mundo da Frente", onde moram os espíritos que crescem e evoluem de uma maneira normal, e há o que conhecemos como "Mundo do Verso", habitado por seres como magos, *sennins* e *tengu*s[4].

Um bom exemplo do Mundo do Verso é o universo de Harry Potter. É uma série composta por vários livros, sobre os quais se basearam filmes correspondentes.

Embora seja divertido ler a respeito do mundo da magia, quando ele aparece retratado nos filmes, mui-

---
[4] Os *sennins* são aficionados por poderes psíquicos, magia e fenômenos espirituais, e estão sempre envolvidos com esses assuntos. Os *tengus* gostam de se gabar de seus poderes ou de sua sabedoria.

tas cenas são bastante assustadoras. Isso não significa que esse reino seja inteiramente parte do Inferno. Com certeza, é um dos reinos do outro mundo; porém, embora não seja parte do Inferno, nele ocorrem coisas horripilantes, misteriosas e fantásticas; é diferente dos reinos mais ordenados do outro mundo, sobre os quais eu assento minha pregação, e há algo de sobre-humano nele.

As imagens e palavras dos espíritos elevados, descritas na Happy Science, são aquelas de indivíduos que realizaram feitos extraordinários na Terra e que continuaram a se desenvolver no próximo mundo, como seria de esperar. Já as pessoas que vemos na série Harry Potter estão sempre lançando feitiços umas contra as outras, e isso é algo estranhamente perturbador.

Os filmes japoneses do cineasta e roteirista Hayao Miyazaki lidam com reinos similares. *Spirited Away* e *Princess Mononoke* retratam várias cenas dos reinos dos magos, *sennins* e *tengus*. Enquanto os mundos espirituais do Japão e da Escócia são diferentes, os mundos de Miyazaki e de Harry Potter compartilham atmosferas muito semelhantes. Eles mostram o que chamamos de "Mundo do Verso".

No Japão, houve um homem chamado Onisaburo Deguchi, que fundou a religião Omoto e se dedicou a ela ativamente na primeira metade do século XX. Ele era proveniente do Mundo do Verso e publicou um livro intitulado *Reikai Monogatari* ("Contos do Mundo Espiritual"), no qual descrevia suas viagens a diversos reinos espirituais. É um livro antigo e difícil de ler, mas que contém histórias de numerosos mundos fantásticos que são exatamente iguais aos descritos em Harry Potter ou nos filmes de Miyazaki. Contém também diversas histórias de raposas ou guaxinins que ficam se enfeitiçando mutuamente, mundos onde de repente surgem serpentes que se transformam sucessivamente numa variedade de coisas.

Nossa organização publicou dois livros de mensagens espirituais de Onisaburo Deguchi[5] e, em sua maior parte, eles lidam com o Mundo do Verso. Tratam desse tipo de mundo onde as pessoas lutam com magia, tentando transformar seus oponentes em algo diferente. Eles retratam um lugar baseado em certo tipo de magia.

---

5 *Okawa Ryuho Reigen Zenshu* ("Coleção Completa das Mensagens Espirituais de Ryuho Okawa", vols. 46 e 49). Tokyo: Happy Science, 2008 e 2009.

Que tipo de lugar é o Inferno?

O reino para onde vão as pessoas que possuem apegos muito fortes à Terra

Muitas pessoas pensam que o Inferno é um lugar como aquele que aparece nas velhas histórias infantis, ou um mundo como o retratado nas gravuras budistas, ou um lugar especial, criado pelo cristianismo para fins educativos. Mas ele existe de fato. Isso é algo extremamente difícil de aceitar, porém o Inferno é um mundo real.

O Inferno é um reino muito próximo do mundo terreno que conhecemos. Claro, as pessoas que vivem ali não têm um corpo físico e não pertencem mais ao nosso mundo, mas, como mantêm um apego muito forte à Terra, são incapazes de se purificar como almas; ainda não despertaram para o fato de serem um espírito. Se ouvirmos as conversas dos habitantes do Inferno, ficará evidente que a grande maioria deles ainda não entendeu que já está morto. Alguns têm consciência de que morreram, mas a maior parte não sabe o que deve fazer a partir disso, e se pergunta: "Como será que devo me comportar? Onde eu estou agora? O que devo fazer? O que fiz de errado?".

Existem numerosos estágios no Inferno

O Inferno é composto de vários estágios, sincronizados com as vibrações do coração, desde as mais altas até as mais baixas. Um dos estágios mais altos é o chamado Inferno de Ashura, habitado por aqueles que tiveram a vida centrada na luta e na destruição; já o Inferno da Luxúria reúne as pessoas que interpretaram mal a maneira pela qual um homem e uma mulher devem se comportar um em relação ao outro. Há também um lugar para pessoas que viveram no crime, fraudando, matando, ferindo, roubando etc., formado também por vários estágios, segundo a iniquidade de seus crimes.

O nível mais baixo é o chamado Inferno sem Fim, reservado àqueles que pregaram ideologias ou religiões falsas, distorcendo a vida dos outros. No mundo espiritual, desencaminhar a alma de alguém é tido como um crime muito pior do que produzir danos físicos, como o assassinato, ou crimes materiais.

Além desses estágios, há o Mundo dos Demônios, que fica em volta do Inferno sem Fim, e é aqui que Satã e outros diabos do Inferno vivem.

O Inferno não existe apenas como punição

O Inferno não é simplesmente um lugar de punição dos pecados; é também o mundo para o qual as pessoas se dirigem segundo as tendências de seu coração. Se o coração de uma pessoa emite vibrações grosseiras, isso irá funcionar como uma espécie de sedimento, tornando impossível que ela se erga para níveis mais elevados e arrastando-a cada vez mais para as profundezas. Essa é a explicação dada em termos científicos.

Porém, do ponto de vista moral, podemos dizer que, após a morte, cada pessoa examina sua consciência e reflete sobre suas ações em vida. Se ela achar que é incapaz de se perdoar pelo que fez, irá para o Inferno, a fim de receber um treinamento adicional da alma.

Não é possível uma pessoa renascer na Terra vindo diretamente do Inferno

Um ponto que não deve ser omitido é que a alma de um indivíduo renasce na Terra por meio de um processo de reencarnação, mas nenhuma alma consegue renascer quando provém do Inferno. Isso ainda não foi enfatizado pelas religiões clássicas, e é algo que muitas pessoas ainda desconhecem, mas é um fato: não há como renascer na Terra vindo diretamente do Inferno.

Os espíritos infernais tentam contornar esse impedimento pela possessão; eles tomam posse de pessoas que estão vivendo na Terra e causam-lhes sofrimentos. Se tais espíritos fossem capazes de renascer, poderiam voltar à Terra sob a forma humana e, assim, escapar dos tormentos do Inferno. Mas, como isso é impossível, eles tomam posse de pessoas vivas e tentam iludi-las.

De qualquer modo, por seus pensamentos e ações, os habitantes do Inferno tiveram uma vida terrena que estava em desacordo com o coração de Buda ou de Deus, e agora devem fazer uma profunda reflexão sobre isso.

Saiba Mais 2

As pessoas que caem no Inferno conseguem voltar para o Céu?

Com suficiente reflexão, mesmo os maus espíritos, que têm o corpo astral absolutamente negro, podem descobrir uma luz surgindo da parte de trás da cabeça. Se eles se arrependerem e disserem: "Eu estava errado", com lágrimas escorrendo pelo rosto, essas lágrimas irão lavar a fuligem que acabou recobrindo todo seu corpo astral, permitindo que brilhe delas uma luz. Então, quando tiverem realmente se arrependido, do fundo do coração, irão ascender para o Reino Celestial.

Que tipo de pessoa cai no Inferno?

As pessoas que possuem "os três venenos do coração" correm esse risco

As principais causas que levam as pessoas a cair no Inferno são "a ganância, a ira e a ignorância", conhecidas como "os três venenos do coração".

1. Ganância – um coração mesquinho
A ganância é a condição de um coração insaciável e cheio de cobiça. Na terminologia da Happy Science, é o que ocorre com pessoas que vivem segundo "um amor que cobra". As pessoas que manifestam esse amor que cobra, ou seja, que têm um coração mesquinho, vão quase todas para o Inferno.

A característica da ganância é que a pessoa que sofre dela pode não compreender que tem esse problema, embora ele seja bastante visível para todos os que estão à volta dela. As pessoas ao redor podem comentar: "Fulano é ganancioso, insaciável, nunca pensa nos outros, só nele mesmo, está sempre tentando obter alguma coisa, só pensa em levar vantagem". O indivíduo em questão talvez não perceba isso, porém o mais provável é que nove em cada dez pessoas que convivem com ele concordem que isso é verdade. Uma pessoa assim possui muita dificuldade para olhar para si mesma com honestidade.

A fim de superar essa ganância insaciável, é muito importante que o indivíduo adote a mente que sabe contentar-se. Além disso, deve acolher também o espírito de doação. As religiões costumam falar em fazer oferendas, porque isso é algo que ensina a pessoa a dar, e ao fazê-lo somos capazes de superar apegos.

Aqueles que têm sempre uma atitude de conseguir coisas para si são incapazes de pensar em "dar para os outros" ou em "fazer alguma doação para uma grande causa". Já os que fazem oferendas nunca serão condenados ao Inferno pelo pecado da ganância.

2. Ira – um coração furioso
Há pessoas inclinadas a acessos de raiva que na maioria dos casos se devem a sentimentos de insatisfação. Quando as coisas não saem como a pessoa quer, isso gera insatisfação e ela tem acessos de raiva. Quando você se lembra de membros de sua família que já morreram, como seu avô, avó, pai ou mãe, se for capaz

de dizer que eles eram impacientes, perdiam a calma por qualquer coisa e descarregavam a raiva nos outros, então há uma boa chance de que isso os tenha feito ir para o Inferno.

3. Ignorância – um coração tolo

Ser ignorante significa ter um coração tolo; porém, as pessoas tolas não são necessariamente pouco inteligentes. Muitas delas são consideradas bem espertas para assuntos deste mundo, mas mesmo assim são estúpidas. Isso significa que elas não conhecem a Verdade de Buda ou de Deus, e parecem todas muito tolas.

Se examinarmos essa questão pela perspectiva de quem entende a Verdade de Buda ou de Deus, veremos que são muitas as pessoas que desperdiçam energia com coisas irrelevantes, que fazem o possível para prejudicar a si mesmas, mas que mesmo assim são vistas como bastante inteligentes nos termos desse nosso mundo mais trivial. São pessoas cujos esforços servem apenas para aumentar as dimensões do Inferno. Esse tipo de estupidez existe de fato.

Se você aprender a Verdade de Buda ou de Deus enquanto estiver vivo, não cairá no Inferno; caso contrário, isso bastará para que você seja banido para lá.

5

O que eu preciso fazer para voltar para o Céu depois da morte?

Viva a vida com um sorriso no rosto

Costuma-se dizer que o Céu é um mundo cheio de luz. Também se diz que é um lugar de conforto eterno, de um verão e de uma alegria eternos.

Se eu tentasse descrevê-lo em termos terrenos, diria que é um lugar cheio de bons amigos, que sentem imenso prazer em conversar animadamente uns com os outros.

A principal característica dos habitantes do Céu pode ser resumida como sendo a inocência personificada. Eles são simples e têm um coração lindo, que mantém sua característica natural, e possuem uma pureza inerente, que é a principal condição para residir no Céu.

Os habitantes do Mundo Celestial estão sempre dispostos a ser gentis com os outros e, ao mesmo tempo, querem fazer o que seja verdadeiramente bom para eles mesmos. Seu objetivo fundamental é evitar causar problemas aos outros e igualmente espalhar alegria à sua volta.

Resumindo as condições para viver no Céu, podemos dizer que você deve ser capaz de viver sempre com um sorriso no rosto; não um sorriso superficial, mas um que venha do fundo do seu coração. Esse é o principal requisito para viver no Céu.

Portanto, as pessoas que fazem um exame de sua vida, mas não são capazes de ver quais são seus pontos negativos, devem perguntar a si mesmas se seriam capazes de manter um sorriso natural caso fossem desprovidas da sua posição, do seu status social e da sua fama. Elas precisam expor seu coração e olhar para si mesmas desse modo.

Amar e ser amado por muitas pessoas

Outro ponto a considerar é que, dentre aqueles que estão no Mundo Celestial, não há ninguém que tenha sido odiado enquanto vivia aqui na Terra. Isso pode parecer simplista, mas é muito verdadeiro. Os habitantes do Céu são pessoas de quem todo mundo gostava quando estavam na Terra. Naturalmente, aqueles que amam o próximo são amados. É uma lei da natureza.

Portanto, se você quer voltar para o Céu após a morte, deve sempre manter um sorriso no rosto, viver com um coração puro, ser admirado pelos outros e ao mesmo tempo amar o maior número possível de pessoas. Pode-se dizer que, se não for capaz disso, as portas do Céu não se abrirão para você.

A razão é esta: aqueles cuja presença causa desconforto aos demais não podem viver no Mundo Celestial.

Você deve viver com um coração de vidro

O Céu é um lugar onde é possível enxergar o coração dos outros como se fosse feito de vidro. Assim, se você abriga pensamentos ruins no seu coração, não conseguirá viver no Céu como se fosse parte de um rebanho de cordeiros no pasto.

Se olharmos para a vida no Céu por outro ângulo, poderemos dizer que as pessoas que vivem com um coração de vidro não sentem vergonha de mostrar o que estão pensando; são essas as que irão para o Mundo Celestial. No entanto, aquelas que lotam o próprio coração com algo malcheiroso, sujo e com maus pensamentos irão descobrir que seu odor não lhes permitirá viver no Céu. Desse modo, você deve perguntar a si mesmo se sentiria vergonha ou não, caso seus pensamentos privados se tornassem públicos. Aqueles que preferem esconder muitos aspectos do seu coração precisam saber que o Mundo Celestial ainda está um pouco distante do seu alcance.

O ideal para você, como ser humano, é levar uma vida franca e aberta, ser simples e inocente, ter um estilo de vida que tanto você quanto os outros concordem que é "maravilhoso". Se você se lembrar disso, com certeza não terá dificuldade em viver no Céu.

Mistérios do Mundo Espiritual – 1

Por que não conseguimos ver o outro mundo ou os espíritos

Não é fácil acreditar no mundo após a morte, pois ele realmente é construído de tal modo que fica impossível provar sua existência de maneira indiscutível.

Se pudéssemos ver o outro mundo com os próprios olhos, então todos acreditariam na sua existência, mas o fato é que o nosso e o outro mundo coexistem. Do mesmo modo que há muitas pessoas vivendo neste nosso planeta, também há um grande número de espíritos espalhados por aqui, mas creio que não é fácil pessoas mortais e espíritos conviverem.

Por exemplo, se os espíritos do outro mundo pudessem falar conosco, toda vez que surgisse um problema na nossa vida iríamos logo obter a resposta de um espírito. Porém, se os espíritos nos dissessem o tempo todo o que devemos fazer, não seria fácil viver num mundo assim.

Eu acabo experimentando pessoalmente esse tipo de situação em minha vida diária, e posso dizer que não é fácil. As pessoas comuns não suportariam isso. Seriam acusadas de dizer coisas estranhas e, na maioria das vezes, os outros passariam a evitá-las.

É preciso ser muito forte para levar uma vida normal e, ao mesmo tempo, ser capaz de ter contato com o outro mundo. Requer uma racionalidade e um intelecto muito aprimorados, caso contrário a pessoa pode enlouquecer. Ao viver todo dia em contato com o mundo espiritual, os pensamentos e ações do indivíduo sofrem uma distorção, e são poucos os que conseguem suportar isso.

Estar aberto ao mundo espiritual é ótimo, desde que você seja conduzido por bons espíritos, mas é fácil o mal se insinuar. Todo tipo de mau espírito tentará tomar posse do seu coração, você estará em contato direto com eles e gradualmente começará a ouvir a voz deles. Geralmente é impossível continuar a "funcionar" bem como ser humano, e a maioria das pessoas acaba perdendo a vida pessoal.

O tipo de trabalho que as pessoas capazes de ver e sentir o mundo espiritual conseguiriam fazer ficaria limitado a algo como o que é mostrado no filme *Os Caça-Fantasmas*. Poderiam tornar-se "caçadores de fantasmas" e ganhar a vida procurando espíritos, ou então ser médiuns profissionais.

No entanto, se uma pessoa comum chegar ao ponto de provar que realmente tem uma verdadeira compreensão do mundo espiritual, ela acabará sendo incapaz de viver normalmente. Por exemplo, se você precisasse conviver com seus avós e pais mortos na sua casa observando-o, e depois voltando à noite quando você estivesse dormindo, provavelmente você não conseguiria ter uma vida normal. É muito melhor não ser capaz de ver nem de ouvir os espíritos.

[Parte 2]
O conhecimento deste mundo e do próximo propicia uma vida feliz

Capítulo 3

Como nascemos neste mundo?

1

A reencarnação e as vidas passadas existem de fato?

Os seres humanos possuem vida eterna e renascem inúmeras vezes

Já ensinei em diferentes ocasiões que o outro mundo definitivamente existe e que é o verdadeiro lar da humanidade. Disse também repetidas vezes que essas poucas décadas que passamos na Terra são apenas um sonho fugaz, nada mais do que uma breve jornada.

Nós, seres humanos, possuímos a vida eterna. Nossa vida é indestrutível e vivemos como alma por milhares, dezenas de milhares de anos, ou até mais tempo. Durante esse período todo, vamos recebendo dos pais um corpo físico, que é um veículo para carregar a alma e permitir que tenhamos descendentes. Isso ocorre incontáveis vezes, o que nos dá a oportunidade de treinar nossa alma.

É maravilhoso poder experimentar diferentes culturas e civilizações

Tenho certeza de que algumas pessoas irão perguntar: "Por que precisamos passar por um sistema tão complicado como esse?" ou "Não seria muito melhor se simplesmente continuássemos no mundo espiritual? Por que temos de habitar um corpo físico e nascer neste mundo, experimentar essa viagem pelo rio da vida se de qualquer modo vamos morrer e voltar ao outro mundo?". Algumas pessoas devem fazer esses questionamentos.

No entanto, falando como alguém que realmente teve essa experiência, posso descrever o segredo da reencarnação declarando simplesmente que Buda ou Deus inventou esse sistema como a maneira mais perfeita de alcançar a felicidade.

Ao longo das poucas décadas em que habitamos um corpo físico na Terra, ganhamos um nome individual e pensamos: "Sou uma existência única, com meu próprio nome". Dedicamo-nos totalmente à vida que levamos; no entanto, vendo isso do ponto de vista das nossas memórias do tempo extremamente longo de nossas sucessivas reencarnações, compreendemos que nossa vida não passa de um papel que assumimos por um breve período no variado teatro da vida.

É importante compreender o fato de que as pessoas assumem papéis em peças encenadas em diversos palcos, em épocas variadas, e desempenham esses papéis como atores, assumindo diferentes nomes, e com isso aprimoram sua habilidade de representar.

Embora você possa estar vivendo neste momento como japonês, poderia facilmente ter sido chinês em alguma época anterior, ou inglês, americano, francês etc. Ou poderia ter vivido na Índia ou no Egito.

Eu gostaria que você tentasse imaginar essa possibilidade. Com certeza, perceberá o quanto uma experiência dessas é magnífica, o quanto esse mundo em que vivemos é maravilhoso.

Você tem a oportunidade de nascer em diversas culturas, em civilizações diferentes, de crescer, trabalhar, amar, criar filhos e, no final, envelhecer e morrer. Embora envelhecer e morrer sejam etapas tristes, depois de superá-las você ganhará mais uma chance de começar de novo.

2

Os humanos podem reencarnar como animais?

Basicamente, os humanos sempre reencarnam como humanos

É possível que um humano renasça como animal temporariamente, para fins de treinamento, mas nesse caso irá habitar o corpo de um animal altamente evoluído. Isso dura apenas um breve período, cerca de um ou dois anos, e é feito para que ele possa sentir que nascer como humano é uma dádiva preciosa. Alguns cães, gatos e outros animais evoluídos possuem uma alma que já encarnou antes como ser humano. Embora tenham assumido uma forma animal, eles mantêm sentidos humanos, e por isso a vida em si se torna uma experiência sofrida para eles. Depois que passam por essa prova, conseguem perceber o quanto é maravilhoso desfrutar da condição de ser humano. No entanto, é extremamente raro um humano nascer como animal; normalmente os humanos renascem sempre como humanos.

O que é o carma?

É a lição de casa que cada alma individual traz consigo

No decorrer das reencarnações, a alma começa gradualmente a exibir certas tendências. Depois de incontáveis reencarnações, a pessoa passa a ostentar qualidades e defeitos que caracterizam sua alma com muita clareza.

Depois de estudar detalhadamente o sistema de reencarnações, descobri que as pessoas parecem decidir em que assunto irão concentrar seu treinamento, e fazem isso antes de vir para este mundo.

Ao passar por várias experiências realizadas nas encarnações anteriores na Terra, se houver algo que uma pessoa não conseguiu concluir ou em que não foi aprovada, ela será submetida a testes mais uma vez, escolhendo um ambiente semelhante ao da primeira tentativa ou um estilo de vida totalmente diferente. Em geral, uma alma masculina renasce como homem, e uma alma feminina, como mulher. Porém, meus estudos têm mostrado que isso não é uma regra fixa, e que às vezes homens e mulheres trocam de papéis. Por exemplo, uma mulher pode ter sido tratada com crueldade pelo marido ou por outro homem em sua existência terrena e, ao levar uma vida muito sofrida, acaba se perguntando por que teve de suportar tanto tormento. O homem que foi responsável pela infelicidade dela, ao retornar para o outro mundo, levará na sua alma a lição de casa na forma de carma.

Existe uma maneira de pagar o carma?

Há duas maneiras pelas quais esse homem poderá pagar pelo carma que criou. Uma delas é voltar e conhecer alguém com o mesmo tipo de carma que o dele; eles podem se casar, ser amigos ou apenas conhecidos, mas deverão passar um tempo juntos no mesmo tipo de ambiente. Desse modo, ele poderá reviver o mesmo tipo de vida, tratando a mulher mal, ou poderá escolher corrigir seus modos e viver em harmonia com ela, como marido ou como um bom amigo.

A outra maneira é o oposto exato da primeira, ou seja, o homem pode renascer como mulher e assim aprender como é experimentar a opressão nas mãos de um homem.

Esses são exemplos extremos de como o carma pode ser superado. As pessoas podem vir de novo para serem testadas, e então reprisam vidas similares, várias vezes, até serem capazes de superar seus defeitos; ou podem decidir tomar o curso oposto: se na última encarnação vieram como agressores, na próxima podem escolher renascer como vítimas.

Há indivíduos que nascem com algum tipo de deficiência, e quando olhamos para eles do ponto de vista deste nosso mundo, nos parecem muito desfavorecidos pela sorte. Mas, se eles mesmos fizerem uma leitura de sua vida, verão claramente que em 80% ou 90% das vezes a causa da deficiência está em alguma vida passada.

Todas as pessoas passaram por algum tipo de violência em vidas passadas, seja em guerras ou em brigas, e caso tenham machucado outra pessoa, ao renascer podem trazer com elas um carma que faça com que sofram uma lesão na mesma parte de seu corpo.

Por exemplo, um soldado que tenha arrancado os olhos de alguém na época do Império Romano poderá voltar a este mundo com uma vista muito ruim, como resultado daquela experiência. O mesmo pode ser dito daqueles que tenham problemas de audição.

Alguém que tenha cortado a perna de seu oponente em uma batalha muitas vezes reencarna em outra época com algum tipo de deficiência física. São pessoas incapazes de compreender o sofrimento dos outros, e só conseguem fazê-lo sentindo o mesmo sofrimento nelas mesmas. Portanto, adquirem a oportunidade de aprender essa lição.

Pagar o carma não é mera punição

Não se trata de algo que seja repetido como uma simples forma de punição; as próprias pessoas decidem que querem viver esse tipo de situação. Mesmo que elas tenham se arrependido totalmente dos erros que cometeram enquanto estavam na Terra, sua consciência não deixa que esqueçam; assim, quando chega a hora de escolher o tipo de ambiente e de situação que terão na próxima vida, elas dizem: "Por favor, deixem-me viver em tal situação e posição, deixem-me sofrer as mesmas circunstâncias para que eu possa aprimorar minha alma".

A verdade é que, não importa o quanto tenham refletido e se arrependido de suas ações, é impossível elas perdoarem a si mesmas, elas não conseguem apagar o passado de sua memória e por isso pedem permissão para passar por uma experiência semelhante.

Por exemplo, uma mãe que perdeu um filho devido à própria negligência, alguém cujas ações tenham levado um ser amado a morrer de uma doença ou um acidente, irá sofrer com tal remorso e arrependimento que sua vida ficará insuportável. Desse modo, quando chega a hora de reencarnar mais uma vez ela diz: "Por favor, coloquem-me em uma situação em que eu morra prematuramente. Só dessa vez eu gostaria de experimentar essa sensação na pele". É por isso que há pessoas que nascem doentes ou que morrem por algum tipo de acidente com vinte e poucos anos, por exemplo.

Quando isso ocorre, elas não lembram que foi o que planejaram para si mesmas no outro mundo; são capazes apenas de enxergar a própria felicidade ou infelicidade, e então culpam os pais, os amigos ou os professores, ou culpam seu ambiente ou o seu país por seus infortúnios. Mas isso é um erro.

[Parte 2]
O conhecimento deste mundo e do próximo propicia uma vida feliz

Capítulo 4

É possível mudar nosso destino?

1

O destino é fixo e imutável?

Há certa flexibilidade no destino de uma pessoa

Considera-se o destino algo geralmente difícil de se evitar, mas isso não é necessariamente verdadeiro. Embora o destino humano pareça ser fixo e imutável, até certo ponto ele é deixado por conta do livre-arbítrio de cada um. O grau desse livre-arbítrio varia conforme a pessoa.

Quais fatores entram em jogo no destino humano? Em primeiro lugar, há o plano de vida criado antes do nascimento. Em segundo, há o grau de esforço pessoal demonstrado após o nascimento. Em terceiro, existe a influência espiritual, que pode vir do espírito guardião ou dos espíritos guias do indivíduo; ou, ao contrário, pode vir de maus espíritos, como os obsessores.

É uma combinação desses fatores que decide o destino do indivíduo.

Existe alguma prova de que o destino não está predeterminado?

Um ponto importante que eu gostaria de destacar é que ninguém nasce na Terra já com um plano definido de que irá para o Inferno. Mesmo que a pessoa sinta que essa talvez seja a pior das alternativas em jogo, ao assumir a forma humana ela diz a si mesma que é muito improvável que isso aconteça.

A verdade, porém, é que um número enorme de pessoas acaba no Inferno, e posso dizer que desde a hora em que nasceram até a hora de sua morte, seu destino passou por uma mudança bastante significativa. Essa mudança pode ocorrer no segundo fator, o do esforço pessoal, ou no terceiro, o da influência espiritual.

Se uma pessoa recebe orientações de seu espírito guardião para que tenha uma boa vida, não há nenhum problema, mas se ela criar trevas em seu coração e viver de modo errado, acabará possuída por maus espíritos, e isso a levará a tomar uma direção ainda mais sombria, até que por fim ela caia no Inferno.

2

O tempo de vida de uma pessoa está predeterminado?

Se uma pessoa possui uma razão especial para permanecer na Terra, é possível que seu tempo de vida seja prolongado

Em geral, diz-se que o tempo de vida de uma pessoa já está predeterminado, mas isso não é 100% verdadeiro. Na realidade, uma pessoa pode prolongar seu período de vida por meio de esforço.

Na vida de todo mundo existem vários pontos cruciais, que são em certa medida planejados. Eles ocorrem aos 55, 70, 75, 80 anos etc., e se o indivíduo sofre uma transformação em seu sistema de ideias nesses pontos, é possível que seu tempo de vida seja estendido.

Se você perguntar qual é a premissa ou a razão para se estender o tempo de vida de uma pessoa, eu poderia dizer que é porque ela tem algum motivo especial para existir na Terra. Se não fosse isso, ela simplesmente abandonaria este mundo. Se houver uma razão especial para que ela permaneça, então será permitido que ela continue.

Aqueles que querem estender seu tempo de vida devem, portanto, criar um motivo especial para que sua existência seja prolongada. A principal razão é que, mesmo que a pessoa tenha ficado velha, ela ainda possui uma tarefa a cumprir. Assim, é importante que você elabore um plano nesse sentido. Eu gostaria que todos pensassem dessa forma.

Se eu fosse dar um conselho a uma pessoa que acredita estar chegando ao final de seu tempo de vida, eu lhe diria que buscasse ter ideias suficientes para viver cerca de 120 anos. Se você planejar viver até essa idade, descobrirá que suas preocupações irão desaparecer. Porque então fica muito claro o que você precisa fazer, e tudo o que se exige é que você coloque em prática esses planos, um atrás do outro, e que adote um estado mental que lhe permita dizer: "Mesmo que eu fique pelo caminho, vou sentir que fiz bem".

3

Será que realmente existe um "fio vermelho do destino[6]"?

As pessoas geralmente prometem se casar com seu futuro parceiro quando ainda estão no outro mundo

Em princípio, a maioria das pessoas já vem com esse tipo de promessa feita. Entre uma encarnação e a seguinte, a alma dispõe de um intervalo de trezentos anos, em média. Para um espírito superior que alcançou o nível de *bodhisattva*, esse tempo é de setecentos a oitocentos anos, e para quem já atingiu o nível de *tathagata* é ainda maior, entre mil e dois mil anos. Ou seja, você renasce incontáveis vezes, mas talvez essa seja a primeira vez que você se casa com seu atual parceiro.

---

6 Uma antiga lenda chinesa conta que os deuses amarram uma corda vermelha invisível ao redor do tornozelo dos homens e mulheres destinados a ser a alma gêmea um do outro. A divindade a cargo do "fio" é Xia Lao Yue (antigo deus lunar responsável por casamentos): "Um fio invisível conecta os que estão destinados a conhecer-se, independentemente do tempo, lugar ou circunstância. O fio pode esticar ou emaranhar-se, mas nunca irá se romper". A lenda também se popularizou no Japão. (N. do E.)

A história da humanidade não é tão curta como se costuma pensar; ela se estende muito mais no passado, e por isso, naturalmente, você não se casa com a mesma pessoa todas as vezes. Seu parceiro ou parceira no casamento vai mudar muitas vezes.

Dito isso, existe uma probabilidade extremamente alta de você se casar com alguém com quem já tenha compartilhado algum tipo de relacionamento no passado. É difícil colocar isso em números, mas eu diria que há 99% de probabilidade de que as pessoas que se casam já tenham se conhecido em outra vida.

Mesmo aqueles que estão se casando pela primeira vez, em alguma vida passada podem ter sido parentes próximos, que prometeram um ao outro se tornar um casal no futuro, ou, mesmo que não tenham laços de sangue, podem ter compartilhado algum outro tipo de vínculo pessoal muito intenso que os levou a formar um casal pela primeira vez nesta vida presente. Porém, em mais de 90% dos casos, as pessoas que se casam já foram casadas antes, em alguma vida passada.

Você não deve ficar obcecado com o "fio vermelho do destino"

E o que ocorre se você se casar com outra pessoa que não seja aquela com quem havia prometido se casar?

Isso acontece ocasionalmente, pois talvez você não consiga escolher a pessoa certa.

Por exemplo, durante a guerra do Pacífico, várias décadas trás, um grande número de homens foi morto, e como resultado restaram na região muito mais mulheres do que homens. Você pode se perguntar: "Será que todas essas mulheres vieram para a Terra preparadas para viver solteiras?". A resposta é não. Elas haviam escolhido com quem queriam se casar, mas a pessoa escolhida foi morta na guerra. Esse tipo de situação é muito comum.

Às vezes, os caprichos da sociedade moderna fazem com que algumas pessoas não consigam encontrar quem haviam definido como seu parceiro ideal. Quando isso ocorre, o que se deve fazer? Na maioria das vezes, quem passa por isso descobre outra pessoa com quem já teve algum relacionamento no passado e os dois se sentem atraídos um pelo outro.

Quando você e a outra pessoa renascem na mesma época, vocês não vêm sozinhos para cá; é muito comum que venha para a Terra uma grande leva de indivíduos que viveram mais ou menos na mesma época em vidas passadas.

Portanto, às vezes é o futuro que decide seu parceiro, e nesse caso a escolha prévia funciona apenas como uma espécie de sugestão de que "A e B formariam um par ideal", reunindo duas pessoas que possuem um vínculo espiritual. Mas há vários níveis de compatibilidade, e são muitas as pessoas que podem cumprir esse papel. Se não dá certo com a primeira pessoa, você pode tentar com a próxima; mas, se essa já for casada, então você pode tentar com a seguinte. Todo mundo tem pelo menos duas ou três opções de reserva, caso a primeira não dê certo.

Assim, embora seja verdade que as pessoas prometem se casar, elas podem chegar à Terra, envolver-se em alguma situação confusa e então seu livre-arbítrio as fará escolher um parceiro com o qual não tinham originalmente intenção de conviver.

Mistérios do Mundo Espiritual – 2

Como funciona o processo de reencarnação?

Nas mensagens espirituais[1] da Princesa Kozakura[2], ela menciona um "lago da reencarnação". Quando uma pessoa quer reencarnar neste mundo, ela vai até a "floresta da reencarnação", atravessa-a e chega ao "lago da reencarnação", que fica à beira da floresta. Então, sobe em um rochedo de três metros de altura e, ao olhar para baixo vê, a superfície do lago.

Se olhar com atenção para o lago, vai notar que não há fundo e que é possível ver este nosso mundo. As águas mostram também imagens da maneira pela qual a pessoa entrará neste mundo, e ela consegue ver que nascerá em determinado lugar de determinado país, e também sabe qual é a profissão de seus futuros pais.

Nesse ponto, alguns hesitam em mergulhar no lago. Quando isso ocorre, o espírito guardião da pessoa se aproxima e diz: "Você precisa mergulhar. Tomou finalmente a decisão de renascer, já chegou até aqui e agora não pode voltar atrás. Coragem, tente de novo", acrescenta para incentivá-la. Após tentar convencê-la por trinta minutos ou uma hora, a pessoa finalmente diz: "Tudo bem, agora eu vou", e mergulha no lago.

---

[1] *Okawa Ryuho Reigen Zenshu* ("Coleção Completa das Mensagens Espirituais de Ryuho Okawa", vol. 26). Tokyo: Happy Science, 2004).
[2] A Princesa Kozakura viveu durante a Era Muromachi. Está consagrada no Santuário de Kozakura, na Península de Miura.

A princesa Kozakura, um espírito que viveu pela última vez na Terra há quatrocentos ou quinhentos anos, tem uma visão de mundo que afirma: "Existe um lugar chamado 'floresta da reencarnação', que tem um santuário dedicado a uma divindade xintoísta local; depois de discutir o assunto com esta divindade, os espíritos têm permissão de saltar no lago da reencarnação e renascer".

Essa é a imagem que a princesa possui do mundo, mas esse é o mecanismo adotado para o renascimento em uma parte da sexta dimensão, dentro do vasto mundo espiritual, onde ela vive e que é dedicada aos deuses japoneses da religião xintoísta.

Isso nos leva a concluir que existem outros métodos de renascer mais racionais do que o do lago da reencarnação. Por exemplo, existe uma instalação moderna para propiciar o renascimento que consiste em um edifício em forma de cúpula. O espírito anda por um corredor acompanhado do seu espírito guardião, que a certa altura avisa: "Está na hora de ir"; então, o espírito passa para a parte interna da cúpula. Dentro dela, todas as pessoas que vão renascer colocam algo parecido com um fone de ouvido e sentam-se em cadeiras.

Em seguida, o espírito assiste a uma espécie de filme, que ensina como ele deve se preparar para renascer. O filme tem uma ou duas horas de duração e mostra a vida inteira de várias pessoas e os diversos erros que elas cometeram. É algo preparado especialmente em função das preferências do indivíduo e mostra várias situações.

Assim, digamos que o indivíduo pressiona o botão para ver o exemplo de uma pessoa que nasceu naquele mesmo lugar, mas que fracassou em sua vida: começa então a passar um filme e a pessoa aprende o que deverá evitar para não cometer os mesmos erros. Quando está suficientemente preparada, o espírito entra em uma espécie de transe hipnótico e renasce.

De fato, o mecanismo para o renascimento varia de acordo com o reino em que o espírito reside.

[Parte 2]
O conhecimento deste mundo e do próximo propicia uma vida feliz

Capítulo 5

Você não está sozinho na vida

Qual o significado do termo "espírito guardião"?

O posto de espírito guardião é assumido por uma "alma irmã" do indivíduo

O ser humano é basicamente um corpo de energia, e há mais coisas num indivíduo além da alma que habita seu corpo. Do mesmo modo que uma estrela-do-mar possui vários braços, um corpo espiritual pode ser formado por diversas partes, como se fossem "cabeça, braços e pernas". Essas partes são chamadas de "almas irmãs".

Quando uma delas habita um corpo físico e vive neste nosso planeta, uma das partes remanescentes do corpo espiritual – digamos, as mãos, os pés ou talvez o cérebro – assume o papel de espírito guardião, permanecendo no outro mundo e enviando numerosas mensagens sobre o curso da vida à pessoa que está vivendo na Terra.

Os espíritos guardiões não são onipotentes, mas possuem um grau mais elevado de consciência do que as pessoas da Terra

As pessoas que vivem no outro mundo estão em um plano mais elevado em relação às que habitam a Terra e, portanto, são capazes de ver melhor do que aqueles que vivem aqui. Assim, conseguem saber quando uma pessoa na Terra está a ponto de tropeçar e enviam várias mensagens de advertência.

Claro, o espírito guardião não irá diferir muito em nível de consciência de uma pessoa encarnada, e se esta pessoa não alcançou um alto grau de iluminação, então as mensagens que receberá do mundo espiritual não serão muito refinadas.

Apesar disso, o espírito guardião com certeza demonstra maior percepção do que uma pessoa que vive aqui. Assim, é importante que você tenha um estilo de vida que lhe permita receber mensagens de sua alma irmã que está atuando como seu espírito guardião. A meu ver, esse pode ser considerado o primeiro passo em direção a uma vida de felicidade.

O mecanismo das almas irmãs e do espírito guardião

A princípio, uma alma é formada por um grupo de seis almas irmãs. A alma líder é chamada de "corpo principal", enquanto as outras cinco são chamadas de "espírito ramo".

- espírito ramo
- espírito ramo
- espírito ramo
- corpo principal
- espírito ramo
- espírito ramo

A alma que habita um corpo físico e vive na Terra.

Espírito Guardião
As seis almas se revezam para nascer neste mundo, e uma das cinco que permaneceram no Mundo Celestial assume a função de espírito guardião.

Por que continuo me sentindo infeliz apesar de ter um espírito guardião?

Seu espírito guardião protege você todos os dias

Quando eu descrevo o outro mundo e afirmo: "Todos têm um espírito guardião para protegê-lo", os ateus podem retrucar dizendo: "Se eu tenho um espírito guardião, então por que sou tão infeliz?"; "Por que minha empresa foi à falência?"; "Por que não consigo ganhar dinheiro?"; "Por que meus familiares ficam doentes e morrem? Isso não pode ser verdade".

Há pessoas que dizem: "Se os espíritos guardiões existissem, com certeza deveriam me proteger, mas eles não fazem isso. É por isso que eu não acredito". Essas pessoas demonstram que escolheram a infelicidade. Elas sempre pensam cada vez mais no pior.

Estudei essa questão por muito tempo e posso dizer que o seu espírito guardião realmente protege você todos os dias, e que ele experimenta sua felicidade e suas dores junto com você.

O espírito guardião age apenas como um "instrutor"; a pessoa que está na Terra é que ocupa o assento do motorista

Basicamente, a pessoa que vive neste planeta em sua forma física está aqui para passar por um aprimoramento da alma e, portanto, cabe a ela tomar a iniciativa.

Se a pessoa encarnada fosse totalmente controlada pelo espírito guardião como uma marionete, uma espécie de Pinóquio, então o aprimoramento de sua alma aqui neste mundo não teria sentido. Não lhe traria nenhum benefício. Por isso, os espíritos guardiões não têm poder sobre as pessoas na Terra, e essa é a parte dolorosa.

Eles só podem se colocar atrás de você, como se fossem um motorista no banco de trás, e dizer: "Você não deve ir por esse caminho, é melhor ir por esse outro". Eles podem aconselhar, mas é você que deve tomar as decisões.

É uma situação semelhante à de uma autoescola. Seu espírito guardião vai se sentar do seu lado como um instrutor e, quando vir algum perigo se aproximando, terá como acionar o freio. Mas não poderá agarrar a direção e guiar de fato, afinal, se ele fizesse isso você não aprenderia nada, e é por esse motivo que se adotou esse arranjo.

Esse é um princípio imutável, uma vez que o espaço para treinamento neste mundo e no outro são diferentes. Isso é uma regra, e não temos outra escolha a não ser aceitá-la. Mas eu gostaria que você lembrasse que, quando o perigo surge, há sempre alguém (seu espírito guardião) para fazer uma advertência e guiá-lo pelo caminho mais seguro. Por favor, acredite nisso.

3

O que é necessário fazer para receber orientação de um espírito guardião?

O espírito guardião tem sua própria vida no outro mundo

As pessoas na Terra tendem a ser arrogantes e, por isso, costumam pensar: "Se eu tenho um espírito guardião, com certeza ele virá me salvar quando eu estiver em perigo" ou "Meu espírito guardião é feito de amor e misericórdia, e sem dúvida virá expulsar os maus espíritos quando for preciso".

No entanto, depois de quase trinta anos de experiência, estou em condições de afirmar que os espíritos guardiões e os espíritos guias têm suas tarefas a cumprir no outro mundo e só vêm nos ajudar em momentos de importância crucial da nossa vida.

Você deve compreender que eles também precisam cuidar da própria vida no outro mundo. Por exemplo, quando você está no seu escritório trabalhando, digitando no computador, seu espírito guia não fica ali, digitando com você. Tampouco fica lhe observando o dia inteiro.

Os espíritos guardiões e os espíritos guias são como os pais que tomam conta do filho que brinca no parque; eles estão lá, cuidando do bem-estar geral dele, mas não ficam em cima interferindo nos detalhes, dizendo: "Agora vire à esquerda ou vire à direita"; isso é deixado a critério da pessoa que vive na Terra.

Suas orações sempre chegam ao seu espírito guardião

Portanto, quando você pensa: "Vou precisar da proteção do meu espírito guardião e do meu espírito guia agora", deve pedir a ajuda deles de maneira muito clara. Por exemplo, quando uma criança está brincando na caixa de areia de um parque e chama pela mãe ou pelo pai, eles vão até lá ver o que ela quer. Do mesmo modo, quando o espírito guardião e o espírito guia acham que você necessita de auxílio, vão atendê-lo na mesma hora.

Quando sentir que precisa de proteção contra maus espíritos imediatamente ou quer fazer uma autorreflexão e deseja que o ambiente espiritual seja purificado ou quer rezar, mas necessita de ajuda para ter certeza de que essa oração não vai se tornar algo incorreto nem permitir que maus espíritos tomem posse de você e exaltem seus desejos, você deve rezar para o seu espírito guardião e para o seu espírito guia de maneira adequada. Se for membro da Happy Science, bastará recitar a "Oração para o espírito guardião e o espírito guia[7]".

A prece feita com o coração será transmitida quase imediatamente para o outro mundo. Ela leva apenas de trinta segundos a um minuto para ser feita, e, enquanto estiver orando, seu espírito guardião e seu espírito guia se aproximarão de você. Quando quiser praticar a autorreflexão ou rezar, pode começar recitando a "Oração para o espírito guardião e o espírito guia".

Não há nenhum problema em recitar essas orações todos os dias e, se você fizer isso, descobrirá que sua sensação de união com seu espírito guardião e seu espírito guia se tornará bem mais forte. No entanto, ao rezar para eles, esteja preparado para fazer um bom exame interior, de maneira digna.

---

[7] A oração está incluída no Livro de Oração que a pessoa recebe ao se tornar membro da Happy Science.

[Parte 2]
O conhecimento deste mundo e do
próximo propicia uma vida feliz

Capítulo 6

Você também pode se tornar um anjo

1

Os anjos existem realmente?

Sim, os anjos existem de fato

Creio que o chamado "senso comum" contemporâneo dificulta que as pessoas acreditem em anjos. Mesmo os cristãos devotos costumam ter problemas com isso; podem acreditar do ponto de vista teórico, mas não de coração.

O cristianismo prega que se deve acreditar no Pai, no Filho e no Espírito Santo. Os cristãos são capazes de entender que "o Pai" é Deus e que "o Filho" é Jesus, mas não têm muita certeza do que significa o "Espírito Santo".

Apesar disso, por todo o mundo, no Oriente e no Ocidente, no passado e no presente, ouvem-se histórias de seres em forma de anjos e de demônios. Não importa se o país é industrializado ou em desenvolvimento, o tema é universal. A razão é simples: esses seres de fato existem.

Existem centenas de milhões de anjos cuja tarefa é salvar pessoas que acabaram de deixar a Terra

A palavra "anjo" é um nome genérico para designar esses espíritos elevados. Existem, no entanto, vários níveis de espíritos elevados, e o termo "anjo" é usado para descrever aqueles que vivem nas altas esferas do Reino da Luz na sexta dimensão e nas dimensões acima dela. São também conhecidos como "altos espíritos com missão especial". Também é comum considerarmos como anjos os *bodhisattvas* e *tathagatas*.

No seu nível inicial de treinamento, os anjos salvam as almas que acabaram de deixar a Terra; eles podem ser descritos como anjos de primeiro grau e não pregam a Lei, mas desempenham a tarefa de oferecer uma ajuda real às almas humanas.

Há um número imenso desses anjos. Eles orientam as pessoas que acabaram de partir deste mundo, reunindo-as e instruindo-as sobre diversos assuntos. Por essa razão, podemos dizer que existem várias centenas de milhões de anjos do primeiro grau. Além disso, cada indivíduo da Terra será atendido e orientado por um anjo adequado à sua filosofia, à sua fé e ao seu ambiente religioso. As almas cristãs são conduzidas por anjos cristãos, e as almas budistas são geralmente orientadas por um *bodhisattva*; em outras palavras, os anjos aparecem sob uma forma que faça o indivíduo acreditar que será bem guiado.

Os anjos podem nascer neste nosso mundo

Os anjos não são existências confinadas ao outro mundo: muitos deles reencarnam na Terra a cada período que vai de várias centenas até mil anos. Você pode perguntar por que eles fazem isso, e a resposta, obviamente, é que eles renascem a fim de realizar um aprimoramento da alma ou para purificar a Terra, mas também voltam ao nosso mundo de tempos em tempos para poder se lembrar da sensação de viver como um ser humano.

Se permanecessem tempo demais no outro mundo, acabariam esquecendo como os humanos pensam e seriam incapazes de compreender de que modo nossa mente funciona. Assim, para se tornarem educadores mais competentes, precisam voltar aqui e experimentar a perspectiva humana de vez em quando.

É por essa razão que nascem anjos na Terra. E quando eles se familiarizam com as sensações terrenas, podem pregar de acordo com a capacidade mental e espiritual de seus ouvintes; desse modo, conseguem orientar um grande número de pessoas.

Saiba Mais 3

O amor dos anjos

Você provavelmente não tem ciência do fato de que os anjos dão orientações nas igrejas, ou que podem ser encontrados em lugares onde ocorrem guerras, oferecendo conforto às vítimas. Da mesma forma, não deve saber que eles trabalham ativamente para promover a paz mundial.

Os habitantes deste nosso mundo são incapazes de ver as atividades dos anjos. O amor dos anjos é de fato um amor transparente.

Apesar disso, eles nunca cessam suas atividades. Por exemplo, mesmo quando as pessoas não são capazes de compreendê-los, não conseguem reconhecê-los ou negam sua existência dizendo: "Não existem anjos. O outro mundo não existe. Os espíritos não existem", eles nunca deixam de se esforçar para salvar a humanidade que habita a Terra.

2

Que tipo de pessoa reencarna como anjo (*bodhisattvas, tathagatas*)?

Pessoas religiosas e líderes que lidam com problemas da mente – O Reino dos *Bodhisattvas* da sétima dimensão

No Reino dos *Bodhisattvas* da sétima dimensão, há muitos seres que, enquanto estavam vivendo no nosso mundo, dedicaram a vida a difundir o conhecimento da Verdade de Buda ou de Deus ou que estabeleceram grandes empreendimentos que ajudaram as pessoas sem que elas sequer percebessem isso.

Os líderes religiosos são o tipo mais comum no Reino dos *Bodhisattvas* da sétima dimensão, constituindo em torno de 70% a 80% da população total. Podemos assegurar que os indivíduos que dão orientações para problemas do coração e da mente enquanto estão na Terra compõem a maioria dos habitantes desse reino.

Claro, nem todos nesse reino são líderes religiosos; no Japão, por exemplo, muitas das pessoas que promoveram a Restauração Meiji[8] em 1867 também seguiram adiante e se tornaram *bodhisattvas* depois da morte – figuras como Kaishu Katsu, Ryoma Sakamoto e Shoin Yoshida ainda são ativos no Reino dos *Bodhisattvas*. Vários líderes de países do mundo inteiro, aqueles com um coração valoroso, também encontraram seu lugar no Reino dos *Bodhisattvas*.

O Reino dos *Tathagatas* da oitava dimensão – Pessoas cuja filosofia instaurou alguma era em particular

O reino da oitava dimensão, acima do Reino dos *Bodhisattvas*, é o lugar onde vivem os *tathagatas*. No presente momento, há menos de quinhentos *tathagatas* morando ali. Sem dúvida, são todos seres que evoluíram a partir do estado de *bodhisattvas*. Aqueles que possuem a capacidade de fundar seitas religiosas ou de estabelecer alguma era em particular na história são chamados de *tathagatas*.

Para dar alguns exemplos de *tathagatas* que foram ativos na história do Japão, podemos citar o

---

8 A Restauração Meiji designa um período de renovações políticas, religiosas e sociais profundas que ocorreram no Japão entre 1867 e 1877; esse movimento transformou o Império do Japão num estado-nação moderno, resultando no fim do xogunato e no restabelecimento do poder imperial.

príncipe Shotoku Taishi (574-622) e o monge budista Kukai (774-835). Também o monge budista Nichiren (1222-1282), que originalmente é da hierarquia dos *tathagatas*, hoje está trabalhando no Reino Bonten, na fronteira entre os Reinos dos *Bodhisattvas* e dos *Tathagatas*.

Outras pessoas que vivem no Reino Bonten são o filósofo Yukichi Fukuzawa (1835-1901) e o líder religioso Masaharu Taniguchi (1893-1985). Da história japonesa mais recente, são *tathagatas* também o filósofo Kanzo Uchimura (1861-1930) e o líder religioso Onisaburo Deguchi (1871-1948).

Dizemos que são *tathagatas* aqueles indivíduos que criaram alguma filosofia fundamental ou se tornaram o pilar de alguma religião. São seres que produzem o tipo de sistema de ideias sobre o qual civilizações e culturas podem se basear. Pessoas que têm essa originalidade de pensamento são consideradas *tathagatas*.

O Reino Cósmico da nona dimensão – Buda, Cristo, Confúcio e outros Messias

Acima do Reino dos *Tathagatas* da oitava dimensão fica o Reino Cósmico da nona dimensão, onde residem os Messias.

A nona dimensão é onde se encontram os Grandes Espíritos Guias de Luz, como o Buda Shakyamuni, Jesus Cristo, Confúcio, Manu, Maitreia, Koot Hoomi (Isaac Newton), Zoroastro, Zeus, Moisés e Enlil. O Buda Shakyamuni é uma parte da grande forma de vida El Cantare, o ser central entre os espíritos da nona dimensão e o mais alto líder do grupo espiritual terrestre.

Para informações adicionais sobre isso, recomendo que você consulte meus livros *As Leis Douradas*[9] e *As Leis da Eternidade*[10]. Esses Grandes Espíritos Guias de Luz também descem à Terra com intervalos de milhares de anos para pregar a Lei.

---

9 *As Leis Douradas*. São Paulo: Editora Best Seller, 2001.

10 *As Leis da Eternidade*. São Paulo: Editora Cultrix, 2006.

3

Eu posso me tornar um anjo?

Todos têm potencial para se tornar um anjo

Os Anjos de Luz são aqueles seres que o budismo chama de *tathagatas* ou *bodhisattvas*, e podemos descrevê-los simplesmente como pessoas que demonstram destacada liderança no trabalho de criar a Utopia. Aqueles que foram reconhecidos por seu trabalho em encarnações passadas tornam-se *tathagatas* e *bodhisattvas*. Portanto, todos têm potencial para se tornar um *tathagata* ou um *bodhisattva* no futuro.

Como se tornar um anjo

Se você quer saber o que é necessário para se tornar um anjo, trata-se simplesmente de construir um histórico de liderança nos esforços para criar a Utopia. Mas você precisa estar ciente de que, mesmo depois de ter se destacado como um líder nesse papel, se você se permitir enfraquecer durante o processo de reencarnação, seu lugar entre os Anjos de Luz poderá não ficar mais disponível. Em contrapartida, se a sua capacidade de liderança melhorar, você descobrirá que sua luz ficará mais intensa.

Isso acontece porque o mundo espiritual é regido por regras precisas; uma delas declara que, se você se esforçar, sua luz aumentará; se for preguiçoso, ela diminuirá. As oportunidades para avançar são oferecidas igualmente para todos, e os resultados do esforço são recompensados de modo justo. Essa é uma regra básica. A oportunidade é sempre oferecida de modo justo. Todo mundo pode avançar, não importa seu ponto de partida. Os resultados são sempre administrados de modo justo.

Você deve ser extremamente grato pelo fato de existirem regras claras. É por isso que os humanos são capazes de continuar a aprimorar sua alma durante centenas de milhões de anos e ver seus esforços recompensados.

Mistérios do Mundo Espiritual – 3

Diálogo com Madre Teresa no mundo espiritual

Madre Teresa, conhecida como "a santa da Índia", morreu em Calcutá (hoje também chamada de Kolkata) no outono de 1997. Depois de sua morte, decidi comunicar-me com ela no mundo espiritual.

No entanto, entrar em contato direto com alguém que você não conhece pessoalmente, logo após sua morte, pode criar vários problemas, por isso costuma-se recorrer a um intermediário. Assim, entro em contato com um espírito que eu já conheça há muito tempo e lhe pergunto se ele pode atuar como mediador. Talvez os cristãos achem difícil acreditar nisso, mas neste caso o espírito que contatei foi meu velho amigo Jesus Cristo e, quando lhe disse que desejava me conectar com Madre Teresa, ele tornou possível que pudéssemos conversar brevemente.

Embora eu use o termo "conversar", quando o espírito com o qual eu entro em contato é um anjo (espírito elevado), é possível ir além das palavras e estabelecer uma comunicação direta por telepatia. Porém, se o encontro ocorre logo após a morte, a comunicação ainda pode ser um pouco difícil. Em meu contato com Madre Teresa, parte da nossa conversa foi em inglês. O inglês dela mostrava grande originalidade, e ela costumava falar por meio de frases curtas.

Quando lhe perguntei como estava se sentindo naquele momento, ela respondeu: "Meu trabalho é nos bairros pobres. Eu entendo que morri e que agora estou no mundo espiritual, mas gostaria de voltar aos bairros pobres a fim de continuar meu trabalho de salvação".

Como ela viveu para a religião e cumpriu sua missão até os 87 anos, não sentia tanta falta do nosso mundo, mas conservava algum apego ao trabalho que realizava com os pobres. Então, eu lhe disse: "Seu apego aos pobres da favela não está necessariamente de acordo com a vontade de Deus. O Céu é um lugar rico e bonito, todos têm mente aberta e apreciam sua liberdade. Mesmo que você ainda sinta desejo de fazer boas obras, não deve permitir que seu coração fique apegado a isso, senão dificilmente conseguirá se harmonizar com a liberdade tranquila desse lugar.

"Enquanto esteve na Terra, você trabalhou para ajudar os pobres, o que constitui uma tarefa dos *bodhisattvas*, mas agora você voltou ao mundo espiritual, precisa estudar mais sobre o Reino Celestial e a forma de viver de seus habitantes". Foi essa a minha objeção.

Quando tive contato com Madre Teresa, ela ainda não havia estado tempo suficiente no mundo espiritual, portanto habitava a entrada da quarta dimensão. Ali aprenderá sobre o mundo espiritual, para ir se desprendendo de seu antigo "eu"; depois de estudar um tempo, passará para a quinta dimensão e prosseguirá com seus estudos, indo para a sexta dimensão. No final, irá para o Reino dos *Bodhisattvas* da sétima dimensão, seu verdadeiro lar.

No caso de Madre Teresa, isso levará de dois a três anos, a contar do momento da sua morte. Durante esse tempo, ficará ocupada aprendendo as coisas do mundo espiritual.

[Parte 3]
Como evitar más influências espirituais

Capítulo 7

Cerimônias rituais que podem salvar os espíritos no outro mundo

1

Será que minha infelicidade contínua é causada por ancestrais meus que estão perdidos?

A fonte da sua infelicidade não se deve ao espírito perdido de seus ancestrais

Há uma corrente de raciocínio que afirma: "A sua infelicidade atual deve-se ao fato de seus ancestrais não terem sido salvos", ou então: "Você é infeliz porque um ancestral seu de várias gerações passadas ainda não alcançou a salvação", ou "A fonte da sua infelicidade não está em você, mas nos seus ancestrais". Há muitas religiões que defendem esse tipo de raciocínio.

Claro, não tenho como afirmar categoricamente que não seja esse o caso. Às vezes, o espírito dos pais, avós ou ancestrais mais remotos de uma pessoa está perdido e de fato agarra-se aos vivos, na esperança de obter auxílio. Esse tipo de influência espiritual pode dar origem à infelicidade.

Basicamente, porém, a verdadeira causa está no coração da pessoa que vive na Terra, e é isso que determina se ela encontrará felicidade ou não. Por exemplo, mesmo que a pessoa tenha um ancestral cujo espírito ainda vagueie por este mundo, é a maneira segundo a qual ela vive aqui na Terra que decidirá se ela irá ou não cair no Inferno. A questão não tem nenhuma relação com o espírito de algum ancestral.

Se uma pessoa possui um estilo de vida em sintonia com o Inferno, ficará sujeita à "lei da sintonia de vibrações[11]", que declara que "vibrações espirituais da mesma frequência se atraem mutuamente". Isso fará com que ela seja possuída pelo espírito errante do seu ancestral. Desse modo, ambos irão compartilhar as mesmas dores e doenças. Em outras palavras, tais pessoas não são infelizes por estarem sendo possuídas, ao contrário, é porque se apegam à infelicidade em seu coração que acabam atraindo aqueles ancestrais.

Embora seja importante rezar missas em memória aos ancestrais, você deve começar por si próprio – antes de pensar em salvar os mortos, os vivos precisam ser capazes de salvar a si mesmos. Se você não salvar o próprio coração, ninguém mais irá salvá-lo.

---

11 Para mais detalhes, ver *As Leis Místicas*, Capítulo 2. São Paulo: IRH Press do Brasil, 2013.

Se você conseguir emitir uma luz feliz, brilhante, será capaz de salvar até seus ancestrais perdidos.

Por outro lado, se você é uma pessoa cujo estilo de vida promete levá-lo ao Inferno, nunca será capaz de alcançar a felicidade colocando a culpa de seus infortúnios em sua família ou em seus ancestrais. Não se iluda: saiba que, em princípio, você é que deve assumir total responsabilidade pelas próprias ações.

Essa é uma boa diretriz quando se trata de verificar se uma religião é verdadeira ou não. Se eles começam a colocar a culpa em outras coisas, é provável que essa crença esteja equivocada. A autorresponsabilidade é uma regra básica.

Qual é a maneira correta de realizar cerimônias rituais para os ancestrais?

Realizar cerimônias rituais para os ancestrais requer o poder da iluminação

Para realizar cerimônias de culto aos ancestrais, o primeiro requisito é que você treine sua alma. É importante que estude a Verdade de Buda ou de Deus, leia livros sobre a Verdade, participe de todas as cerimônias da Happy Science, aprofunde seu conhecimento e persista em seu treino para sentir a luz de Buda ou de Deus. Se conseguir isso, será capaz de oferecer aos ancestrais uma parte dessa luz.

Se você mesmo não se tornar uma espécie de farol, não conseguirá fazer a luz brilhar sobre os mares escuros. Se encontrar um navio perdido no meio da noite, incapaz de achar sua rota, não adiantará nada simplesmente dizer: "Preciso salvar esse navio"; se o farol não emanar nenhuma luz, então não será possível fazer nada. Se você mesmo ainda tateia no escuro, por mais que deseje ardentemente salvar os outros, primeiro terá de começar criando uma luz. Não há outra maneira de você guiá-los.

Para que as pessoas deste mundo possam criar uma luz, precisam estudar a Verdade de Buda ou de Deus e treinar sua alma. Pular essas etapas e apenas rezar todos os dias para os ancestrais, num esforço desesperado para salvá-los, não produz o resultado desejado. Em vez disso, você precisa aprimorar sua alma e elevar seu nível de iluminação. É por meio do poder da iluminação que você pode salvar seus ancestrais. Esse deve ser seu ponto de partida.

Em princípio, confie a salvação dos seres espirituais aos espíritos elevados

Há certos riscos envolvidos no culto dos ancestrais, e não recomendo que uma cerimônia tão complexa para os mortos seja efetuada na própria casa. É por essa razão que a cerimônia de felicitação dos ancestrais e de oferta de orações para o seu eterno repouso é realizada no Shoshinkan, o principal templo da Happy Science. Também são realizadas cerimônias para os mortos duas vezes ao ano em nossos templos, e é melhor você participar deles, em vez de tentar realizar cerimônias em sua casa. É mais seguro quando há um líder para orientá-lo e a luz dos demais participantes para lhe proteger, então é melhor aproveitar essas oportunidades.

Além disso, se você participar de uma das nossas cerimônias, seus espíritos guardiões e espíritos guias, assim como os espíritos de apoio da Happy Science, com certeza também estarão presentes. Essas entidades são competentes em descobrir espíritos que tenham tomado posse da casa de seus descendentes a fim de causar-lhes danos. Quando descobrem algum, dizem: "O que você está fazendo aqui? Que história é essa de ficar causando problemas esses anos todos?". Desse modo, os espíritos dos ancestrais acovardam-se, envergonhados, como se fossem uma criança sendo repreendida por seu professor.

Em outras palavras, mesmo que uma pessoa não seja capaz de salvar seus ancestrais, se participar das cerimônias de nossa organização os Espíritos Elevados irão repreender o espírito de seus ancestrais, caso eles estejam se portando mal. Os Espíritos Elevados são grandes conhecedores do outro mundo: portanto, é melhor deixar que eles coloquem em ordem os erros dos espíritos perdidos. Essa é a maneira mais rápida.

Frequentar os eventos da Happy Science pode ser a oportunidade de criar uma nova relação com os Espíritos Elevados; assim, quando se trata de orar pelos seus ancestrais, é melhor fazê-lo tomando parte de uma das nossas Grandes Cerimônias Rituais.

Sem dúvida, é ótimo que a sua família se reúna para orar pelos seus ancestrais algumas vezes por ano – por exemplo, no aniversário de seus mortos –, mas você não deve fazer isso com excessiva frequência. Em vez de ficar rezando para eles toda manhã, tarde e noite, ou antes de ir para a cama, é melhor você se concentrar em aprimorar adequadamente a sua alma.

Você deve se concentrar em elevar seu nível de iluminação recitando o sutra básico de nossa organização, o "Ensinamento Búdico – Darma do Correto Coração[12]", lendo livros sobre a Verdade de Buda e cuidando do culto dos seus ancestrais em um lugar onde de preferência os nossos ministros estejam presentes. Essa é a maneira mais segura e eficaz.

---

[12] O livro com o sutra fundamental é fornecido exclusivamente aos seguidores da Happy Science que prometem devoção aos Três Tesouros de Buda, Darma e Sangha.

3

É necessário realizar cultos para animais de estimação mortos?

Animais renascem logo, por isso não faz sentido realizar cultos para eles por um longo tempo

Na maioria dos casos, um animal de estimação renasce logo após a morte, e fica no outro mundo apenas uns dez anos, no máximo. Em geral, eles retornam ao nosso mundo em um ano, ficando no outro mundo apenas por um breve período.

Não há nada de errado em orar por um bicho de estimação morto, mas não faz sentido ficar fazendo isso por um tempo excessivo. Além disso, se você repetir essa prática por muito tempo, o animal pode se equivocar achando que deve permanecer indefinidamente no local onde está sendo realizado o culto, e isso pode privá-lo de sua oportunidade de reencarnar.

O coelho que estava aos cuidados da minha família reencarnou um mês depois de morrer. As almas dos coelhos formam um único grupo no mundo espiritual e renascem a partir dali. Elas entram no útero da mãe coelha e renascem em rápida sucessão.

Tendo isso em mente, vemos como não faz muito sentido rezar um longo período pela alma de um animal de estimação.

[Parte 3]
Como evitar más influências espirituais

Capítulo 8

Existem maus espíritos?

1

O que são maus espíritos?

Maus espíritos são pessoas que fizeram mau uso de seu livre-arbítrio

Creio que as pessoas que aceitam a existência do mundo espiritual estão bem conscientes da existência de maus espíritos. No entanto, embora tenham ouvido falar de maus espíritos em contos populares ou histórias de fantasmas e de terror, não acreditam que eles possam representar um problema para elas. Porém, no mundo invisível os maus espíritos manobram em segredo, e talvez estejam até manipulando uma pessoa que lê este livro agora.

Se eu fosse definir o significado de "mau espírito", diria que são seres que possuem afinidade com a parte negativa da energia dos seres humanos, ou seja, com a energia dos pensamentos negativos das pessoas[13].

---

13 Exemplos concretos de energia negativa são: inveja, raiva, queixas, a atitude mental de não saber como ser feliz (não ter consciência da abas-

Aqueles indivíduos que, enquanto estão na Terra, cultivam pensamentos negativos constantemente, irão para o Inferno após a morte, e lá viverão como maus espíritos.

Em outras palavras, os maus espíritos não são uma espécie particular de espíritos criados originalmente como seres maus, pois o potencial de se tornar um mau espírito existe dentro de todos nós.

Como seres humanos, nos foi dada a liberdade de pensamento e, usando essa liberdade, podemos mudar nosso próprio ser. Pelo uso irrestrito dessa liberdade, o ser humano pode se tornar tanto um anjo quanto um mau espírito.

Portanto, podemos dizer que, infelizmente, os maus espíritos são seres que usaram seu coração da maneira errada.

---

tança), reclamações, pensamentos pessimistas, preguiça, ódio. Para mais informações, ver *As Leis do Sol*, 2ª ed. revista e ampliada. São Paulo: IRH Press do Brasil, 2015.

2

O que é um demônio? Como os demônios diferem dos maus espíritos?

Um demônio tem maior influência, maior capacidade de liderança e é mais astuto do que um mau espírito

Os maus espíritos são espíritos de pessoas comuns que abrigam o mal em seu coração e praticam más ações. Não estou falando apenas de criminosos; pessoas que não cometem crimes também podem se tornar maus espíritos se abrigarem o mal ou pensamentos sombrios em seu coração.

Indivíduos com um coração mau terão pensamentos tortuosos. Aqueles que ficam sempre arrumando confusão, enganando os outros, tendo explosões de irritação, magoando os outros e praticando atos ruins sem mostrar remorso, que vivem cheios de pensamentos e emoções destrutivos, que causam problemas e sofrimento a quem está à sua volta, não irão voltar para o Céu após a morte; irão sofrer e se enfurecer em um lugar chamado Inferno. É isso o que significa tornar-se um mau espírito.

Um demônio é um ser que tem um pouco mais de influência do que os maus espíritos, além de possuir maiores qualidades de liderança e maior esperteza.

Que tipo de pessoa se tornará um demônio após a morte?

Os demônios se originam sobretudo de pessoas que ocuparam posições de liderança na Terra. Por exemplo, é extremamente fácil um político corrupto ou um ditador se tornar um demônio. Alguém como Pol Pot (1928-1998), o ditador que governou o Camboja e matou mais de dois milhões de pessoas, deixando os ossos delas para apodrecer sem enterrá-los, é sem dúvida um demônio. O mesmo pode ser dito de Hitler (1889-1945) e de Stálin (1878-1953). Aqueles que aproveitam seu cargo político para matar um grande número de pessoas tornam-se demônios.

Há indivíduos que se comprazem em ser brutais e cometer atrocidades, que usam sua autoridade para controlar os outros pelo medo, que matam muita gente; estes facilmente se tornam demônios.

Esse grupo não inclui apenas pessoas com autoridade política ou militar. Pensadores com autoridade ideológica, que desencaminham grande número de seguidores, que lançam mão da lavagem cerebral para desencaminhar as crenças alheias, tornam-se também demônios. Pessoas muito influentes neste mundo, cujas obras resultam em grandes prejuízos, facilmente tornam-se demônios.

Existe também uma diferença no poder desses demônios. No mundo moderno, há pessoas nos setores de comunicação de massas e no jornalismo que exercem enorme influência sobre um grande número de espectadores. Mas, em vez de usar essa oportunidade para tornar o mundo mais justo, elas buscam apenas atender aos próprios fins e satisfazer os próprios desejos, e se tornarão pequenos demônios. Não serão muito poderosas e terão apenas umas cinco ou seis pessoas sob sua influência. Todavia, esse tipo de ocorrência é muito comum.

Encontramos ainda indivíduos com esse perfil entre filósofos e escritores. Alguns romancistas também podem se encaixar nessa categoria, além de pessoas que escrevem novelas ruins, responsáveis por operar uma lavagem cerebral em um grande número de leitores, ou daquelas que produzem histórias capazes de desencaminhar os outros. A literatura de cunho demoníaco está tendo grande expansão neste nosso mundo, e há alguns autores famosos que se tornarão demônios quando morrerem. Pessoas com muita influência, que se valem dela para fazer com que os outros assumam uma má conduta, têm as qualidades de um demônio. Entre os burocratas, há aqueles que vivem em função apenas de adquirir poder e não possuem compaixão em seu coração. Esses também irão se tornar demônios.

Os líderes religiosos igualmente exercem influência sobre grandes multidões; portanto, aqueles que estão ligados a religiões perniciosas provavelmente também irão virar demônios, e é raro que tenham condições de voltar para o Mundo Celestial. Eles não só pregam ensinamentos equivocados, como também desencaminham muitas pessoas. Além de desviá-las do caminho certo neste nosso mundo, igualmente ajudam a arrastá-las para o Inferno, onde eles mesmos passam a viver com seus seguidores. Trata-se de demônios, ou do próprio diabo. Desencaminhar o coração dos outros é um pecado gravíssimo.

3

O que é possessão?

Um coração nublado atrai maus espíritos

Na vida cotidiana, as pessoas confiam basicamente em sua consciência superficial. Porém, ao fazê-lo, criam vários tipos de "nuvens" em seu coração. A maior parte dessas nuvens é causada por fenômenos desarmônicos, resultantes de pensamentos e ações contrários aos desejos de Buda ou de Deus.

Se você tem pensamentos que estão em conflito com os desejos de Buda ou de Deus e depois leva esses pensamentos para a ação, acabará formando gradualmente uma espécie de névoa obscura em torno do seu coração. Em outras palavras, seu coração começará a ficar nublado, com áreas de sombra. Então, a consciência superficial que faz parte da nossa mente começará a ficar coberta por detritos e poeira, rompendo aos poucos sua comunicação com o subconsciente.

Se o coração de um indivíduo permanece puro, o caráter da alma começa a aflorar, e suas várias tendências e a natureza de Buda[14] ou de Deus se mantêm evidentes; mas não é isso o que ocorre quando sua consciência superficial começa a ficar nublada, obstruída. Em termos técnicos, essa parte da mente não é exatamente a consciência superficial, mas uma área que chamamos de "fita de pensamento" (ou faixa de memória da alma).

A fita de pensamento faz a conexão entre a consciência superficial e o subconsciente. À medida que se formam nuvens sobre essa fita, a consciência superficial e o subconsciente vão aos poucos se isolando um do outro, e a Luz de Buda não consegue mais alcançar o coração da pessoa.

Quando essa situação se instala, alguns tipos de seres vão aos poucos se aproximando desse coração em sombras. São esses os seres que conhecemos como maus espíritos; eles fazem o possível para tomar posse das pessoas na Terra, a fim de se livrar das agonias do Inferno. É desse modo que os habitantes deste planeta caem sob o controle dos maus espíritos.

A culpa, no entanto, não é totalmente dos maus espíritos: quem deve ser responsabilizado é o indiví-

---

[14] A natureza de Buda (Deus) refere-se aos mesmos atributos de Buda, com o amor, a misericórdia e o anseio para se aprimorar. Os seres humanos são filhos de Buda, e a todos eles foi concedida a natureza de Buda.

duo na Terra, cujas ações fizeram isso acontecer. Do mesmo modo que não é culpa do Sol se as nuvens bloqueiam sua luz, tampouco se pode culpar Buda quando sua Luz[15] não é capaz de iluminar o coração de alguém. A responsabilidade só pode ser atribuída ao indivíduo cujos pensamentos criaram as nuvens que agora bloqueiam a luz. Essas nuvens formam sombras e produzem escuridão. Então, segundo a lei do "semelhante atrai semelhante", os maus espíritos são atraídos para a escuridão.

Os maus espíritos irão embora se você dispersar as nuvens do seu coração

Os humanos deste planeta costumam realizar rituais de purificação a fim de se livrar dos maus espíritos, penduram talismãs nas paredes para afastar maus espíritos ou carregam amuletos para se proteger. No entanto, o que os maus espíritos mais temem são as pessoas que vivem de acordo com a vontade Buda.

Quando alguém passa por um ritual de purificação, se a pessoa que realiza esse ritual possui força espiritual, sobrenatural ou divina, então a luz criada pelo rito com certeza irá expulsar os maus espíritos

---

15 A Luz de Buda é a energia de Buda que preenche o grande universo. Todas as almas humanas vivem enquanto absorvem e liberam a Luz de Buda.

temporariamente, mas assim que a pessoa sair da área do templo ou do santuário, os efeitos do ritual logo irão perder força e os maus espíritos se reunirão de novo em volta das mesmas áreas nubladas.

Portanto, não importa quantas vezes uma pessoa possa expulsar os espíritos, eles voltam logo. É exatamente como tentar se livrar de uma mosca – você pode ficar afastando-a com a mão o quanto quiser, mas ela volta. É porque existe algo ali que exala mau odor. Esse é o mecanismo da possessão.

Em outras palavras, pode-se dizer que é somente o seu próprio coração que atrai os maus espíritos, nada mais. A raiz do problema está nas nuvens que mancham seu coração. Assim, o que quero dizer aqui é que os maus espíritos irão embora se você expulsar as nuvens que criam sombras no seu coração. Esta é a verdade.

A estrutura da mente e o mecanismo de possessão espiritual

A fita do pensamento:
Situada entre a consciência superficial e o subconsciente, essa faixa de memória registra todos os atos e pensamentos de sua vida.

A consciência superficial

O subconsciente

A natureza de Buda

▲ As nuvens sobre a fita de pensamento

Influência de maus espíritos [possessão espiritual]:
Quando você pensa ou age de uma maneira que vai contra os desejos de Buda, formam-se nuvens sobre a fita de pensamento. Então, os maus espíritos começam a se apossar dessa parte da mente. Essas nuvens podem ser removidas por meio da prática da autorreflexão.

4

O que deve ser feito para vencer maus espíritos e demônios?

Não negocie com os demônios, simplesmente expulse-os

Os demônios permanecem no Inferno por mil, dois mil, até três mil anos; por isso, é praticamente impossível tentar dialogar com eles e convencê-los a voltar para o Céu. Há pessoas que estão possuídas por demônios e fazem afirmações estranhas, mas não importa o quanto tentem convencer o demônio que tomou posse delas de que seus caminhos são equivocados, isso será inútil, o demônio irá ludibriá-las e enredá-las ainda mais. O demônio pode dizer: "Salve-me", "Vou mudar totalmente de vida" ou "Deixe-me aprender com você", mas tudo isso são mentiras, às quais você não deve dar ouvidos; eles não se incomodam em até derramar algumas lágrimas para tentar convencê-lo.

Você nunca deve tentar negociar com um demônio. Simplesmente expulse-o. Diga: "Não vou permitir que esse mal prossiga. Ninguém deve deixar o mal se espalhar". Tenha determinação, força de vontade, e simplesmente encerre o assunto.

No caso de espíritos perdidos, de indivíduos que faleceram há pouco tempo, às vezes é possível convencê-los a voltar para o Céu, mas um demônio não pode ser convencido a ascender desse modo por ter cometido muitas maldades. Portanto, o mais importante ao lidar com demônios é tentar garantir que eles não cometam mais pecados.

Se você aumentar o poder da luz e lutar em equipe, conseguirá superar os demônios

Como é impossível nos livrarmos de vez dos demônios, a abordagem que tenho adotado é aumentar a área de luz e cercá-los com ela. Minha estratégia é criar fortalezas e bases de luz por todo o planeta, para cercar os demônios e, aos poucos, reduzir a extensão das regiões onde eles vivem.

Essa é uma longa batalha, pois os demônios são muitos, e a não ser que nossa organização seja capaz de aumentar ainda mais seu poder, não obteremos a vitória simplesmente lutando. Felizmente, como o próprio nome "demônio" indica, eles nunca cooperam entre si. Se todos se juntassem, iriam se tornar uma força tremenda, mas eles lutam individualmente. Isso é algo pelo qual "todos nós deveríamos nos sentir gratos".

Não sei qual é o número total de demônios existentes, se são várias centenas ou milhares, mas, se todos juntassem forças, estaríamos numa situação terrível. No entanto, como eles ficam o tempo todo brigando entre si, são incapazes de agir em conjunto, sempre agem sozinhos, não cooperam entre si nem se ajudam; ao contrário, cada um age a seu modo.

A fim de combatê-los, é importante que as forças da luz criem uma única frente, juntem as mãos e trabalhem em conjunto. Se os demônios tentassem enfrentar isso unindo suas forças, poderiam desenvolver sentimentos fraternos, o que plantaria dentro deles sementes de um coração amoroso que talvez germinassem.

Em geral, surgem sempre demônios diferentes, pois a cada momento mudam os interesses e a condição espiritual das vítimas, mas seus ataques são intermitentes e eles não conseguem se organizar. Por isso, será possível alcançar a vitória se lutarmos como uma organização. De qualquer modo, se você pretende passar por uma cerimônia de purificação para se livrar de seus demônios, a maneira mais eficaz é realizá-la em algum dos templos ou shojas da Happy Science – que são locais de grande magnetismo espiritual – sob a orientação de um profissional treinado para isso. Mesmo que você acredite na nossa organização, não deve se esquecer de que o inimigo é poderoso e que, se você não tiver força suficiente, poderá acabar perdendo para ele. Portanto, recomendo que faça isso dentro de um dos nossos locais espirituais, onde existe um magnetismo espiritual, e sob a orientação de um especialista.

Saiba Mais 4

O rito sagrado de exorcizar demônios

Um dos métodos empregados na Happy Science para exorcizar demônios é um ritual chamado "El Cantare Fight" (que significa "El Cantare luta").

Nele, se os participantes tiverem fé e acreditarem que o ritual está sendo realizado dentro da luz de El Cantare, a energia espiritual será emitida pela divindade central, ou seja, pelo próprio El Cantare. Então, do ponto de vista do demônio, o inimigo dele passará a ser El Cantare. É assim que podemos nos tornar unos com o Céu e lutar como organização.

Mistérios do Mundo Espiritual – 4

A rede no fundo do coração que conecta toda a existência

Houve um famoso monge japonês que viveu nos séculos XII e XIII chamado Myo-e (1173-1232); ele pertencia à seita budista Kegon e, aparentemente, era médium. Ao ler os escritos a respeito de sua vida, encontra-se o seguinte:

Uma vez, tarde da noite, ele parecia estar dormindo junto à lareira do templo quando, de repente, disse a um de seus assistentes: "Ah, coitadinho. Rápido, se não será tarde demais! Uma cobra está a ponto de comer um pardal sob o beiral da casa de banho. Pegue uma luz e afugente-a". O assistente não acreditou muito nisso, mas, quando foi ao local ver o que se passava, descobriu que era verdade, havia mesmo uma cobra se aproximando de um pardal adormecido. Myo-e era capaz de enxergar eventos distantes, mesmo que estivessem ocorrendo no escuro.

Isso se devia à sua capacidade como médium. É possível perceber coisas dessa natureza, e tais experiências são bem comuns. No entanto, mesmo que uma pessoa tenha essa habilidade inata, se o coração dela estiver agitado devido ao contato com este mundo, ela não será capaz de ter essas percepções; mas, em contrapartida, descobrirá que é capaz de compreendê-las se conseguir entrar em estado de meditação profunda.

Quando você está em meditação profunda, entra em contato com diversos mundos e é capaz de ver uma variedade de coisas. Consegue compreender as mudanças de humor dos animais, e pode até perceber os pensamentos e sentimentos das plantas. À medida que se aprofunda em seu estado meditativo, sua consciência passa a se ampliar. Em seu relacionamento com outra pessoa, é capaz de dizer o que ela está pensando, mesmo a dezenas ou centenas de quilômetros de distância dela. Consegue dizer exatamente que tipo de pensamento ela está tendo naquela hora.

No meu caso, por exemplo, se eu quiser saber o que o presidente de outro país está pensando em dado momento, sou capaz de fazer isso, desde que a vontade do Céu me permita. Do mesmo modo que as pessoas acessam um computador para obter informações, consigo entender exatamente o que os outros estão pensando. Mas, se eu demonstro demasiado interesse, acabo recebendo informações muito sérias, o que me deixa em uma situação delicada.

Nesse sentido, se você olhar profundamente para o seu interior descobrirá que existe um caminho que pode conduzi-lo ao universo ilimitado, que tem conexão com todas as demais pessoas. Tudo aquilo que tem permissão de existir na Terra, mesmo coisas não humanas, carrega uma marca da sua criação. Seja humano, animal ou planta, tudo traz a marca da criação.

Essa "marca da criação" significa que ela "possui o poder que fez dela o que é". Esse poder, por sua vez, é o que nós descrevemos como a "Natureza de Buda", mas que se manifesta como as leis universais que governam a mente das pessoas. A marca da criação significa que toda existência carrega dentro de si essas leis universais, e é por meio dessas leis que somos capazes de viver.

[Parte 4]
A verdadeira compreensão de Buda e de Deus

Capítulo 9

Conheça o grande amor de Buda e de Deus

1

Deus existe de fato? Há alguma prova?

Deus como a causa primordial

Já se pesquisou e investigou muito sobre a natureza de Deus desde os tempos antigos. Por exemplo, algumas pessoas consideravam Deus a "causa primordial". Elas afirmavam: "Todas as coisas devem ter uma causa. A razão pela qual existo hoje é ter tido pais. Eles são a causa da minha existência. Meus pais, por sua vez, também existiram porque tiveram os pais deles, e assim sucessivamente".

Ou seja, tudo tem sempre um precursor. Para cada efeito, existe uma causa correspondente. Sendo assim, se tivéssemos de rastrear essas sequências indefinidamente, isso acabaria nos levando à causa primordial. Segundo alguns filósofos e teólogos demonstraram, a causa primordial é Deus.

Tudo neste mundo traz a marca da criação

Para todo efeito existe uma causa. Se aceitarmos essa lógica, deve ter havido algo que criou este mundo.

Recentemente, a crença de que o mundo surgiu por acidente ganhou popularidade, mas examinando os fatos a longo prazo ou de uma perspectiva mais ampla, é difícil achar sentido nisso. Os seres humanos apareceram simplesmente por acidente? Evoluíram a partir de uma ameba?

Podemos comparar as pessoas a um arranha-céu. Nesse caso, assim como ocorre com um prédio de quarenta ou cinquenta andares, elas devem ter sido esboçadas, projetadas e construídas por alguém. No entanto, hoje a Teoria da Evolução é amplamente aceita, com sua afirmação de que os seres humanos devem seu corpo e sua mente a uma sucessão de acidentes.

Isso é o mesmo que dizer que um monte de areia, cascalho, blocos de cimento e vigas de aço foi deixado pelo chão, de repente soprou um vento, caiu uma chuva e o concreto se misturou sozinho, em seguida houve um terremoto ou algo assim, as vigas saltaram do chão, formaram uma estrutura e pronto: um arranha-céu estava formado.

Quanto mais aprendemos sobre a intrincada estrutura dos seres humanos, mais claro fica demonstrado que não somos o resultado de uma reunião acidental de materiais. Os seres humanos na verdade possuem um propósito.

Tudo neste mundo traz a marca da criação. Isso vale para os seres vivos e também para os minerais. Do mesmo modo, os objetos inanimados como os edifícios possuem uma causa original – as pessoas que os construíram. Assim, faz sentido acreditar que "Deus é a causa primordial" da criação.

Se Deus existe, como explicar a existência do mal no mundo?

A natureza absoluta de Deus e a existência do mal são realmente coisas contraditórias?

Os líderes religiosos e filósofos têm debatido a existência do bem e do mal desde os tempos antigos. Eles argumentam que, se Deus é um ser absoluto e só há bondade nele, então o mal não deveria existir, nem os maus espíritos, nem os demônios. Se eles de fato existem, isso significa que existem como um aspecto de Deus. Mas, se esse não pode ser considerado um aspecto de Deus, então não se pode dizer que Deus governa o universo inteiro. Seria aceitar que existe um mundo ao qual o domínio de Deus não pode ser estendido. Significaria que deve existir outro poder e que Deus deixaria de ser único e absoluto. Esse tema é contraditório, e o bem e o mal vêm sendo debatidos desde os tempos antigos, sem que se tenha chegado a uma conclusão.

Na ilha de Bali, na Indonésia, há uma dança folclórica conhecida como Barong. Ela retrata Barong, o líder dos bons espíritos e um deus étnico, e Rangda, a corporificação do mal e um demônio encarnado. O poder do deus bom, Barong, o deus verdadeiro, e o do deus mau, Rangda, o demônio, é igual. Nenhum dos dois consegue superar o outro, então a batalha do bem contra o mal prossegue indefinidamente.

Essa filosofia também caracteriza a antiga religião de Zoroastro, no Oriente Médio, centrada na "batalha entre o bem e o mal", que neste caso é "a batalha entre o Anjo da Luz, o Espírito Guia Ahura Mazda e os deuses do mal".

Será que isso quer dizer que há realmente deuses bons e deuses maus com igual poder, e que são incapazes de derrotar seus oponentes?

O mal é perdoado com o passar do tempo a fim de que possa ser guiado de volta para o bem

É verdade que na história da humanidade o bem e o mal sempre existiram, que a batalha entre os dois é contínua e que nunca se chegou a um desfecho conclusivo. Apesar disso, no entanto, do ponto de vista do verdadeiro mundo de Buda existe um vasto monismo do bem, que sobrepuja a dualidade de bem e mal; aquilo que aparece como bem e mal para as pessoas que vivem na Terra são simples atributos do livre-arbítrio, que assumiram aparências diferentes. Essa é a melhor maneira de pensar a respeito dessa questão.

A liberdade, por seu próprio conceito, é ilimitada – é esse o aspecto que a define. Por sua ausência de limites, ela pode resultar em conflito ou em prosperidade. Em outras palavras, se você se concentra no aspecto próspero da liberdade, ela parece ser o bem, mas se você ressalta seu aspecto de conflito ou de luta, ela tem a aparência do mal.

O aspecto do mal pode ser perdoado e transformado em bem por meio do processo de autorreflexão, regeneração e penitência.

Quando vistos no contexto das poucas décadas que compõem a duração de uma única vida, o bem e o mal ficam claramente delineados, mas quando considerados dentro de um período de tempo bem mais extenso, tudo pode ser revertido ao bem. Esse tipo de pensamento pode ser considerado um monismo.

O que para um ser humano pode parecer um período de tempo quase infinito é apenas um instante para o olhar de Buda. Se olharmos para o mundo por essa perspectiva, será possível dizer que o mundo contém apenas bondade.

Tenho certeza de que há pessoas que olham para a existência do mal ou de ações maldosas e dizem: "Isso é imperdoável, será que não existe Buda neste mundo? Afinal, o poder de Buda e dos *bodhisattvas* não é maior que o dos demônios?".

No entanto, eu gostaria de dizer a elas o seguinte: "Embora algo pareça ser 'o mal' em determinado momento, saiba que ao longo do tempo existe o ato religioso do 'perdão'. Devido à existência do perdão, tudo pode ser compreendido como submetido a um processo de transformação em bem".

3

Se Deus existe, por que Ele não destrói o Inferno?

Dentro de certo contexto, podemos descrever o Inferno como um hospital

O Inferno pode ser um local de punição, mas, ao mesmo tempo, podemos vê-lo como um hospital. Os espíritos do Inferno são como pessoas doentes. Isso significa que falar em eliminar o Inferno é o mesmo que dizer que os doentes devem ser destruídos. Jogar uma bomba em um hospital e destruí-lo totalmente vai, por acaso, evitar que as pessoas fiquem doentes? Sob outro aspecto, é como dizer: "Os doentes são um tipo anormal e não se deveria permitir que permanecessem na Terra".

Para começar, não existem pessoas doentes; elas eram originalmente saudáveis e, por não terem cuidado de si mesmas ou por outra razão qualquer, adoeceram. No entanto, mesmo que estejam enfermas agora, elas podem se recuperar e ficar boas de novo. O seu verdadeiro estado é o de pessoas saudáveis. É esse o pensamento de Buda.

Um dia você também pode ficar doente e, nesse caso, não gostaria de ser exterminado. Você é basicamente saudável, mas, se um dia adoecesse, não iria gostar que as pessoas dissessem: "Você precisa ir para um hospital, mas pacientes de hospital não servem para nada e deveriam ser todos mortos". Portanto, embora o Inferno possa ser considerado uma forma de punição, ele também funciona como um hospital, e é preciso ser tolerante na maneira de encará-lo.

Talvez você mesmo acabe no Inferno e, assim, precisa se perguntar se realmente quer que sua alma seja destruída. Com certeza, você preferiria arrepender-se e voltar a uma condição feliz, mesmo que isso levasse quinhentos anos.

Você deve pensar nos espíritos do Inferno como se fossem enfermos. Eles não desfrutam de sua verdadeira forma, mas isso ocorreu porque eles adoeceram, seja por falta de exercício, comer demais ou trabalhar em excesso. Você realmente considera isso razão suficiente para se livrar deles? O próprio fato de Buda permitir sua existência nos faz compreender que, por meio de sua grande misericórdia, Ele está disposto a esperar um longo tempo até que se reabilitem e retornem para o Mundo Celestial.

[Parte 4]
A verdadeira compreensão de Buda e de Deus

Capítulo 10

A fé é maravilhosa

Qual é o correto: o monoteísmo ou o politeísmo?

Embora as pessoas falem em monoteísmo, na verdade existe mais de um deus

A questão é se existe apenas um deus, se Deus está sozinho e se Ele é exclusivo. Se Deus fosse exclusivo, então isso significaria que o deus que desceu até nós é o verdadeiro e todos os demais são falsos. Significaria, por exemplo, que se o deus que desceu até o antigo povo judeu era real, então aquele que veio ao encontro dos árabes não era. O que surgiu no Irã tampouco seria verdadeiro. Os deuses que vieram ao Japão, à China ou ao Egito não seriam reais.

Se as pessoas acreditam que existe apenas um deus e que ele pertence apenas à nossa tribo, isso implica dizer que as demais pessoas no mundo estão todas equivocadas. Esse tipo de pensamento tem sido a fonte de infindáveis ódios e conflitos ao longo da história da humanidade.

É um fato que, quando uma religião se forma, ela costuma ter em seu centro uma alma com status divino. Em geral, um único espírito assume um papel central de guia. Como resultado, essa entidade dirá: "Ajam de acordo com os meus ensinamentos". No entanto, isso não quer dizer que não existam outros deuses. Eles existem. Basta olhar para o tamanho da população humana para compreender que é preciso haver um grande número de deuses para que seja possível propiciar felicidade a todos.

Há muitas pessoas no mundo, e são necessários vários deuses principais, cada um com um papel diferente, além de muitos outros que ajudem a organizar seu trabalho.

Portanto, em certas ocasiões decide-se qual deles deverá se manifestar naquele período, naquela determinada região, para fundar uma nova religião. Mas isso não significa que um deus que tenha aparecido em outra região ou país ou para outra raça seja falso.

Além de Javé, Elohim (El Cantare) também aparece no Antigo Testamento da Bíblia

Um dos mais famosos exemplos de monoteísmo é o da religião judaica; ele se baseia no deus Javé. Javé (ou Jeová) era um deus ciumento que dizia: "Não terás outros deuses além de mim!". No entanto, se perguntarmos se o deus judaico é exclusivo, ou seja, se havia apenas um deus, ao ler o Antigo Testamento ficará claro que não é assim.

Além de Javé, o Antigo Testamento menciona outro deus, chamado Elohim. É um deus separado de Javé. Javé é o outro nome do deus Enlil, ao passo que Elohim é o outro nome de El Cantare. Esses dois seres são os responsáveis pela condução dessa religião. Como vemos, há dois deuses no Antigo Testamento, portanto, não é correto falar em monoteísmo.

Naquela época, para evitar que as pessoas adotassem religiões desencaminhadas, o deus que guiava aquele povo pode ter dito: "Não terás outros deuses além de mim", mas ele não afirmou que não houvesse outros deuses.

Ele pode ter achado mais conveniente dizer aos fiéis de religiões desencaminhadas que não deviam adorar um falso deus, que deviam acreditar apenas nele, e isso é bastante correto. No entanto, interpretar essa orientação como sinônimo de que todas as outras religiões são falsas e que todos os outros deuses estão equivocados, só poderia dar origem a muitas confusões.

Várias entidades espirituais guiaram Maomé

O islamismo é outro bom exemplo de monoteísmo. O Alcorão é um livro que louva um único deus, Alá, como o Todo-Poderoso, e foi escrito pelo profeta Maomé, que recebeu seu conteúdo na forma de mensagens espirituais enviadas por Alá. Porém, é interessante notar que, quando se refere a si mesmo, Alá geralmente diz "Eu", mas em diversas ocasiões ele usa o plural, "Nós". Seus fiéis árabes não compreendem a razão disso e simplesmente supõem que essa é outra forma de chamar Alá. Contudo, a verdadeira razão pela qual ele às vezes diz "nós" é que está se referindo a um grupo de espíritos guias. Quando falamos em Alá, além do ser espiritual central indicado pelo nome, há também um grupo de outros espíritos guias que o assistem e que se revezam para fornecer várias orientações. Isso é um fato.

Portanto, ainda que as pessoas falem em monoteísmo, elas não são controladas por um único deus. Embora possa haver um ser espiritual principal que controla os ensinamentos, existem também vários espíritos guias. Não se trata de um único espírito.

Que tipo de ser é El Cantare?

El Cantare é o Grande Espírito Supremo do grupo espiritual terrestre

O grupo espiritual terrestre consiste em um grupo de espíritos aos quais foi confiada uma grande missão. Eles são conhecidos como espíritos elevados. Vistos pela perspectiva das pessoas que vivem na Terra, alguns desses espíritos elevados são existências de tal perfeição que podem ser chamados de "deuses", no contexto em que se mostram como "deuses personificados".

Por outro lado, o termo "buda" significa originalmente "o desperto" ou "o iluminado" e costuma ser usado em referência a Sidarta Gautama, o Buda Shakyamuni, que alcançou a iluminação enquanto estava na Terra; mas "buda" também pode ser usado no sentido do criador do Grande Cosmos, e neste caso se refere a um ser igual a Deus e que é conhecido como "Buda Primordial". Essa é a diferença entre deuses e budas.

Além disso, existe um ser que combina aspectos compartilhados tanto por deuses como por budas. Seu nome é El Cantare. É um dos Grandes Espíritos e constitui a mais alta autoridade no grupo espiritual terrestre. É o ser encarregado da Terra desde antes dos primórdios da humanidade, e foi uma parte de sua consciência que encarnou na Índia como Sidarta Gautama, o Buda Shakyamuni.

O termo "El" significa "Luz" e "Cantare" quer dizer "terra" ou "Terra"; portanto, o nome todo significa "Terra Preenchida de Luz". Como o mais elevado espírito do grupo espiritual terrestre, El Cantare é o maior responsável por esse grupo, o ser que toma as decisões finais no que se refere ao destino da humanidade. É claro, a Terra conta com outros Grandes Espíritos além de El Cantare, mas na nona dimensão, onde eles residem, todos concordaram em cooperar com a Happy Science e apoiá-la. Ela foi fundada por El Cantare, que continua liderando o movimento.

Nesse contexto, podemos dizer que a Happy Science é uma organização que não foi criada pela humanidade, mas estabelecida por meio de um consenso dos Grandes Espíritos do mundo celestial que envolve a Terra. Sua missão aqui na Terra é a salvação de toda a humanidade por meio da Verdade de Buda, como é pregado em termos terrenos por El Cantare.

El Cantare
Deus Supremo da Terra

Ra Mu
17.000 anos atrás
Continente de Mu

Sidarta Gautama
[Buda Shakyamuni]
2.600 anos atrás
Índia

Consciência principal

Ryuho Okawa

Dias atuais
Japão

Thoth
12.000 anos atrás
Atlântida

Hermes
4.300 anos atrás
Grécia

Rient Arl Croud
7.000 anos atrás
Antigo Império Inca

Ophealis
6.500 anos atrás
Grécia

O Deus Supremo:

Existem muitos espíritos que podem ser chamados de "deuses" no mundo espiritual. O termo "deus" constitui um status que possui diferentes categorias. E o líder supremo no mundo dos deuses é El Cantare.

A Happy Science tem o profundo desejo de estabelecer a fé no Deus Supremo El Cantare e, como religião mundial, unir toda a humanidade, mesmo que leve centenas ou milhares de anos para alcançar este objetivo.

3

Existe algum mérito em seguir uma religião verdadeira?

Após a morte, você receberá orientação no próximo mundo

Mesmo que temporariamente, é melhor ter vínculo com algum tipo de religião ou seita religiosa. Geralmente, após a morte, a alma de seu pai, de sua mãe ou de algum parente virá recebê-lo, mas não há garantia de que isso possa ocorrer. Às vezes o treinamento pessoal deles impedirá que venham. Quando isso acontece, a salvação pode ficar um pouco distante e talvez você passe por um período difícil, portanto, é sempre bom ter vínculo com alguma religião.

Felizmente, mesmo que você pessoalmente não tenha fé, se algum amigo ou uma pessoa próxima de você tiver vínculo com alguma fé, então isso será suficiente. Quando uma pessoa morre, os amigos que possuem fé ficarão preocupados com ela e irão rezar sinceramente para que sua alma retorne ao Mundo

Celestial. Isso permitirá que a pessoa falecida se conecte com o espírito guardião do amigo que possui fé ou com o grupo espiritual que guia a religião dele. Esses espíritos vão dizer: "Como você é amigo de tal pessoa, iremos orientá-lo". Então tomarão as providências necessárias e será decidido o lugar do outro mundo que o falecido irá ocupar. Se não houver ninguém para guiar a pessoa que chega ao outro mundo, ela encontrará grandes dificuldades.

Após a morte, a alma deixa o corpo e atravessa um túnel até chegar a uma terra de luz, viajando por campos de flores até alcançar o rio Estige. No Japão, a fronteira entre a vida e a morte geralmente assume a forma de um rio, embora às vezes possa também ser um lago. Na Suíça, assume a forma de uma passagem de montanha, mas seja qual for a forma assumida, sempre há algum obstáculo que precisa ser superado. De qualquer modo, você irá contemplar várias cenas e precisará de algum tipo de orientação.

É por isso que pessoas religiosas difundem informações sobre a Verdade enquanto estão na Terra. E quando não conseguem realizar esse trabalho missionário, continuam a orientar os outros no próximo mundo. Isso é algo que eu gostaria que você soubesse.

Existem numerosos espíritos no outro mundo cuja tarefa é servir de guia. E, quanto mais eu observo o trabalho delas, mais percebo como cada ser humano é tratado como alguém muito importante.

Há mais de seis bilhões de habitantes na Terra[16], e todos os dias morrem pessoas de acidente ou doença. Essa informação é transmitida para o mundo espiritual, onde aqueles conectados ao falecido virão em seu auxílio. Seus amigos e parentes, bem como aqueles que pertencem a círculos religiosos, virão dar-lhe as boas-vindas. É grande o número de espíritos no próximo mundo que são informados toda vez que alguém morre na Terra.

Como podemos ver, todo ser humano é tratado com grande importância e há muitas entidades que trabalham para que isso seja possível.

---

16 Dado referente à época em que o livro foi escrito (2008). Atualmente, a população mundial supera os sete bilhões. (N. do T.)

4

Por que a fé é importante?

A fé é a última coisa que vai lhe restar

Há muitas coisas maravilhosas neste mundo, mas você precisa aceitar que, no final das contas, terá de escolher a fé. Ao deixar este mundo, você precisará abandonar tudo o que for deste mundo. E tudo o que irá restar será sua fé.

No passado, preguei em diversas ocasiões que, depois de sua morte, tudo o que você leva deste mundo para o outro é o seu coração, e isso é absolutamente verdadeiro; porém, a questão é que no próximo mundo existe o Céu, mas também existe o Inferno. Alguns corações vão para o Céu, outros para o Inferno.

Assim, depois de ter dito que após a morte você perde tudo – casa, família, amigos, posses, status social e todas as coisas materiais – e só pode levar junto o seu coração, eu concluiria dizendo que tudo o que você pode levar consigo é sua fé.

Se você tem fé, então seu lugar no próximo mundo será providenciado. A fé será sua chave para entrar no Mundo Celestial; ela é o portal do Céu, é a condição para viver no Céu. Além disso, é o pré-requisito para se tornar um Anjo de Luz.

Epílogo

A vida dura apenas uns vinte mil e poucos dias. Então, leve uma vida que sirva para aprimorar sua alma

Que tipo de felicidade nós pregamos na Happy Science? Enquanto a maior parte dos discursos sobre a felicidade fala de felicidade aqui neste mundo, aquela a que nos referimos na Happy Science é a que pode ser alcançada não só em termos terrenos, mas também no contexto do outro mundo. Definimos isso como "a felicidade que se estende deste mundo para o próximo".

Em outras palavras, queremos que cada pessoa tenha uma vida transbordante de felicidade neste mundo, mas também defendemos um estilo de vida que lhe permita viver feliz no próximo mundo, após a morte, e é isso o que desejamos que todos pratiquem.

Sem dúvida, algumas pessoas levam uma vida infeliz neste mundo e continuam infelizes no próximo. Há também aquelas que parecem ser muito felizes neste mundo, mas que se tornam infelizes no próximo, e aquelas que vivem vidas infelizes neste mundo, mas encontram grande alegria após a morte. Por fim, há aquelas que são felizes neste mundo e também no próximo. Basicamente, existem esses quatro tipos de pessoas. O que eu quero é que você alcance a condição desse quarto tipo, ou seja, que encontre felicidade neste mundo e no próximo. Acredito que isso seja o melhor, e é o que recomendo a todos.

Naturalmente, existem outras maneiras de pensar. Você pode ter uma visão totalmente negativa deste mundo, como aqueles que acreditam que, por mais que levem uma vida infeliz neste mundo, isso não terá nenhuma importância se alcançarem a felicidade no outro mundo.

Essa visão é comum entre os cristãos. Muitos deles sofrem de bom grado, têm uma vida infeliz e triste e acreditam que isso irá lhes trazer felicidade após a morte. Suponho que isso seja decorrente do fato de Jesus Cristo, o fundador da religião, ter tido uma vida trágica na Terra. Como o líder de sua religião foi uma figura trágica, seus seguidores acreditam que, se tiverem também uma vida trágica, alcançarão a glória e a felicidade no próximo mundo.

No entanto, não creio que esse seja o melhor modo de viver. Ficamos aqui apenas umas poucas décadas, mas entendo que nossa vida na Terra tem um significado. As pessoas não estão simplesmente repetindo ações sem sentido.

Acredito que as pessoas nascem neste mundo porque há uma razão para isso. Durante as poucas décadas que estão aqui, têm um papel a desempenhar ou um objetivo a alcançar. As pessoas nascem neste mundo a fim de aprender algo, e, depois que aprendem a lição, levam esse conhecimento para o outro mundo, o Mundo Real, o mundo do qual vieram. Esse é o pensamento fundamental.

Por esse motivo, não descarto completamente a validade de viver neste mundo. É um lugar extremamente importante, onde você pode treinar, educar e aprimorar sua alma.

Eu gostaria de acrescentar que, se você for capaz de alimentar sua alma o suficiente neste mundo e experimentar contentamento, então sua vida será extremamente feliz. Além disso, esse modo de vida irá traduzir-se em felicidade no outro mundo.

Quando digo que sua vida dura várias décadas, isso talvez lhe pareça um tempo bastante extenso, mas, se você o traduzir em dias, verá que permanece aqui neste mundo apenas por uns vinte mil dias. Talvez imaginasse viver uns cem mil ou duzentos mil dias, mas na realidade são apenas vinte mil e poucos.

Cada dia escorre como se fosse a areia de uma ampulheta e, depois de vinte ou trinta mil dias, você terá de abandonar este mundo. Pensando desse modo, é fácil ver que a vida é extremamente curta.

O quanto você será capaz de experimentar em seus vinte mil e tantos dias? Quanta coisa será capaz de captar? Essa é uma questão muito importante. As pessoas vivem sua vida na Terra para adquirir essa experiência valiosa.

É para isso que os seres humanos nascem como bebês na Terra, vão à escola, tornam-se adultos, trabalham, casam e criam famílias. Depois, aos poucos vão adoecendo e envelhecendo, até que chega a hora de abandonar este mundo.

Você ficará aqui neste mundo apenas por vinte mil e poucos dias, por isso precisa se esforçar para viver esse período da maneira ideal, que lhe permita elevar o nível da sua alma, pensando já na sua volta para o outro mundo. Esse é o aprendizado mais importante que você deve levar em conta.

Posfácio

Este livro é ideal para aqueles que estão entrando em contato pela primeira vez com o mundo da religião. Ele abrange todo tipo de conhecimento espiritual, e pode ser considerado um manual valiosíssimo para encorajá-lo a dar um passo adiante e explorar esse verdadeiro país das maravilhas que é o mundo espiritual.

Espero de coração que as informações contidas neste livro se tornem senso comum no século XXI.

Ryuho Okawa

Sobre o Autor

O mestre Ryuho Okawa começou a receber mensagens de grandes personalidades da história – Jesus, Buda e outros seres celestiais – em 1981. Esses seres sagrados vieram com mensagens apaixonadas e urgentes, rogando que ele transmitisse às pessoas na Terra a sabedoria divina. Assim se revelou o chamado para que ele se tornasse um líder espiritual e inspirasse pessoas no mundo todo com as Verdades espirituais sobre a origem da humanidade e sobre a alma, por tanto tempo ocultas. Esses diálogos desvendaram os mistérios do Céu e do Inferno e se tornaram a base sobre a qual o mestre Okawa construiu sua filosofia espiritual. À medida que sua consciência espiritual se aprofundou, ele compreendeu que essa sabedoria continha o poder de ajudar a humanidade a superar conflitos religiosos e culturais e conduzi-la a uma era de paz e harmonia na Terra.

Pouco antes de completar 30 anos, o mestre Okawa deixou de lado uma promissora carreira de negócios para se dedicar totalmente à publicação das mensagens espirituais que recebeu do Mundo Celestial. Até o momento, já publicou mais de 2.300 livros, tornando--se um autor de grande sucesso no Japão e no mundo. A universalidade da sabedoria que ele compartilha, a profundidade de sua filosofia religiosa e espiritual e a clareza e compaixão de suas mensagens continuam a atrair milhões de leitores. Além de seu trabalho contínuo como escritor, o mestre Okawa dá palestras públicas pelo mundo todo.

Mais de 2.300 livros publicados

Os livros do mestre Ryuho Okawa foram traduzidos em 29 línguas e vêm sendo cada vez mais lidos no mundo inteiro. Em 2010, ele recebeu menção no livro *Guinness World Records* por ter publicado 52 livros em um ano. Ao longo de 2013, publicou 106 livros.

Entre eles, há também centenas de mensagens de espíritos de grandes figuras históricas e de espíritos guardiões de importantes personalidades que vivem no mundo atual.

Sobre a Happy Science

Em 1986, o mestre Ryuho Okawa fundou a Happy Science, um movimento espiritual empenhado em levar mais felicidade à humanidade pela superação de barreiras raciais, religiosas e culturais, e pelo trabalho rumo ao ideal de um mundo unido em paz e harmonia. Apoiada por seguidores que vivem de acordo com as palavras de iluminada sabedoria do mestre Okawa, a Happy Science tem crescido rapidamente desde sua fundação no Japão e hoje conta com mais de 20 milhões de membros em todo o globo, com templos locais em Nova York, Los Angeles, São Francisco, Tóquio, Londres, Paris, Düsseldorf, Sydney, São Paulo e Seul, dentre as principais cidades. Semanalmente o mestre Okawa ensina nos Templos da Happy Science e viaja pelo mundo dando palestras abertas ao público.

A Happy Science possui vários serviços de apoio às comunidades locais e pessoas necessitadas, como programas educacionais pré e pós-escolares para jovens e serviços para idosos e pessoas com necessidades especiais. Os membros também participam de atividades sociais e beneficentes, que no passado incluíram ajuda humanitária às vítimas de terremotos na China, no Japão e no Nepal, levantamento de fundos para escolas na Índia e doação de mosquiteiros para hospitais em Uganda.

Programas e Eventos

Os templos locais da Happy Science oferecem regularmente eventos, programas e seminários. Junte-se às nossas sessões de meditação, assista às nossas palestras, participe dos grupos de estudo, seminários e eventos literários. Nossos programas ajudarão você a:
- aprofundar sua compreensão do propósito e significado da vida;
- melhorar seus relacionamentos conforme você aprende a amar incondicionalmente;
- aprender a tranquilizar a mente mesmo em dias estressantes, pela prática da contemplação e da meditação;
- desenvolver habilidades de liderança;
- aprimorar seus conhecimentos para atuar na administração de empresas e negócios;
- aprender a superar os desafios da vida e muito mais.

Seminários Internacionais

Anualmente, amigos do mundo inteiro comparecem aos nossos seminários internacionais, que ocorrem em nossos templos no Japão e também no Brasil. Todo ano são oferecidos programas diferentes sobre diversos tópicos, entre eles "como melhorar relacionamentos praticando os Oito Corretos Caminhos para a Iluminação" e "como amar a si mesmo".

Contatos

BRASIL	www.happyscience.com.br
SÃO PAULO (Matriz)	R. Domingos de Morais 1154, Vila Mariana, São Paulo, SP, CEP 04010-100 55-11-5088-3800, sp@happy-science.org
Zona Sul	R. Domingos de Morais 1154, 1º and., Vila Mariana, São Paulo, SP, CEP 04010-100 55-11-5088-3800, sp_sul@happy-science.org
Zona Leste	R. Fernão Tavares 124, Tatuapé, São Paulo, SP, CEP 03306-030, 55-11-2295-8500, sp_leste@happy-science.org
Zona Oeste	R. Grauçá 77, Vila Sônia, São Paulo, SP, CEP 05626-020, 55-11-3061-5400, sp_oeste@happy-science.org
CAMPINAS	Rua Joana de Gusmão 187, Jardim Guanabara, Campinas, SP, CEP 13073-370 55-19-3255-3346
CAPÃO BONITO	Rua Benjamim Constant 205, Centro, Capão Bonito, SP, CEP 18300-320, 55-15-3543-2010
JUNDIAÍ	Rua Congo 447, Jd. Bonfiglioli, Jundiaí, SP, CEP 13207-340, 55-11-4587-5952, jundiai@happy-science.org
LONDRINA	Rua Piauí 399, 1º and., sala 103, Centro, Londrina, PR, CEP 86010-420, 55-43-3322-9073

SANTOS	Rua Júlio Conceição 94, Vila Mathias, Santos, SP, CEP 11015-540, 55-13-3219-4600, santos@happy-science.org
SOROCABA	Rua Dr. Álvaro Soares 195, sala 3, Centro, Sorocaba, SP, CEP 18010-190 55-15-3359-1601, sorocaba@happy-science.org
RIO DE JANEIRO	Largo do Machado 21, sala 607, Catete, Rio de Janeiro, RJ, CEP 22221-020, 55-21-3689-1457, riodejaneiro@happy-science.org

INTERNACIONAL   www.happyscience.org

ÁFRICA

ACRA (Gana)	28 Samora Machel Street, Asylum Down, Acra, Gana, 233-30703-1610, ghana@happy-science.org
DURBAN (África do Sul)	55 Cowey Road, Durban 4001, África do Sul, 031-2071217, 031-2076765, southafrica@happy-science.org
KAMPALA (Uganda)	Plot 17 Old Kampala Road, Kampala, Uganda, P.O. Box 34130, 256-78-4728601, uganda@happy-science.org, www.happyscience-uganda.org
LAGOS (Nigéria)	1st Floor, 2A Makinde Street, Alausa, Ikeja, Off Awolowo Way, Ikeja-Lagos State, Nigéria, 234-805580-2790, nigeria@happy-science.org

AMÉRICA

FLÓRIDA (EUA)	12208 N 56th St., Temple Terrace, Flórida, EUA 33617, 813-914-7771, 813-914-7710, florida@happy-science.org
HONOLULU (EUA)	1221 Kapiolani Blvd, Suite 920, Honolulu, Havaí, 96814, EUA, 1-808-591-9772, 1-808-591-9776, hi@happy-science.org, www.happyscience-hi.org
LIMA (Peru)	Av. Angamos Oeste 354, Miraflores, Lima, Peru, 51-1-9872-2600, peru@happy-science.org, www.happyscienceperu.com
LOS ANGELES (EUA)	1590 East Del Mar Blvd., Pasadena, CA 91106, EUA, 1-626-395-7775, 1-626-395-7776, la@happy-science.org, www.happyscience-la.org
MÉXICO	Av. Insurgentes Sur 1443, Col. Insurgentes Mixcoac, México 03920, D.F., mexico@happy-science.org, mexico.happyscience-na.org
NOVA YORK (EUA)	79 Franklin Street, Nova York 10013, EUA, 1-212-343-7972, 1-212-343-7973, ny@happy-science.org, www.happyscience-ny.org
SÃO FRANCISCO (EUA)	525 Clinton St., Redwood City, CA 94062, EUA , 1-650-363-2777, sf@happy-science.org, www.happyscience-sf.org
TORONTO (Canadá)	323 College St., Toronto, ON, Canadá, M5T 1S2, 1-416-901-3747, toronto@happy-science.org

ÁSIA

BANCOC (Tailândia)	Entre Soi 26-28, 710/4 Sukhumvit Rd., Klongton, Klongtoey, Bancoc 10110, 66-2-258-5750, 66-2-258-5749, bangkok@happy-science.org
CINGAPURA	190 Middle Road #16-05, Fortune Centre, Cingapura 188979, 65 6837-0777/6837-0771, 65 6837-0772, singapore@happy-science.org
COLOMBO (Sri Lanka)	Nº 53, Ananda Kumaraswamy Mawatha, Colombo 7, Sri Lanka, 94-011-257-3739, srilanka@happy-science.org
HONG KONG (China)	Unit A, 3/F-A Redana Centre, 25 Yiu Wa Street, Causeway Bay, 85-2-2891-1963, hongkong@happy-science.org
KATMANDU (Nepal)	Kathmandu Metropolitan City, Ward No-9, Gaushala, Surya, Bikram Gynwali Marga, House Nº 1941, Katmandu, 977-0144-71506, nepal@happy-science.org
MANILA (Filipinas)	Gold Loop Tower A 701, Escriva Drive Ortigas Center Pasig, City 1605, Metro Manila, Filipinas, 094727 84413, philippines@happy-science.org
NOVA DÉLI (Índia)	314-319, Aggarwal Square Plaza, Plot-8, Pocket -7, Sector-12, Dwarka, Nova Déli-7S, Índia 91-11-4511-8226, newdelhi@happy-science.org
SEUL (Coreia do Sul)	162-17 Sadang3-dong, Dongjak-gu, Seul, Coreia do Sul, 82-2-3478-8777, 82-2-3478-9777, korea@happy-science.org
TAIPÉ (Taiwan)	Nº 89, Lane 155, Dunhua N. Rd., Songshan District, Cidade de Taipé 105, Taiwan, 886-2-2719-9377, 886-2-2719-5570, taiwan@happy-science.org

TÓQUIO (Japão)	6F 1-6-7 Togoshi, Shinagawa, Tóquio, 142-0041, Japão, 03-6384-5770, 03-6384-5776, tokyo@happy-science.org, www.happy-science.jp

EUROPA

BERLIM (Alemanha)	Rheinstr. 63, 12159 Berlim, Alemanha, tel. 49-30-7895-7477, fax 49-30-7895-7478, germany@happy-science.org, www.happy-science.de/
FINLÂNDIA	finland@happy-science.org
LONDRES (GBR)	3 Margaret Street, London W1W 8RE, Grã-Bretanha, 44-20-7323-9255 44-20-7323-9344, eu@happy-science.org, www.happyscience-eu.org
PARIS (França)	56, rue Fondary 75015, Paris, França 33-9-5040-1110, 33-9-55401110 france@happy-science.org, www.happyscience-fr.org
VIENA (Áustria)	Zentagasse 40-42/1/1b, 1050, Viena, Áustria, 43-1-9455604, austria-vienna@happy-science.org

OCEANIA

AUCKLAND (Nova Zelândia)	409A Manukau Road, Epsom 1023, Auckland, Nova Zelândia 64-9-6305677, 64-9-6305676, newzealand@happy-science.org
SYDNEY (Austrália)	Suite 17, 71-77 Penshurst Street, Willoughby, NSW 2068, Austrália, 61-2-9967-0766 61-2-9967-0866, sydney@happy-science.org

Partido da Realização da Felicidade

O Partido da Realização da Felicidade (PRF) foi fundado no Japão em maio de 2009 pelo mestre Ryuho Okawa, como parte do Grupo Happy Science, para oferecer soluções concretas e práticas a assuntos atuais, como as constantes ameaças realizadas pela Coreia do Norte e pela China e a recessão econômica de longo prazo. O PRF objetiva contribuir para reformas imprescindíveis no governo japonês, a fim de garantir a paz e a prosperidade ao Japão. Para isso, propõe duas medidas principais:

1. Fortalecer a segurança nacional e a aliança Japão-EUA, que tem papel vital para a estabilidade da Ásia.
2. Melhorar a economia japonesa implementando cortes drásticos de impostos, adotando medidas monetárias facilitadoras e criando novos grandes setores.

O PRF defende que o Japão deve oferecer um modelo de nação religiosa que permita a coexistência de valores e crenças diversos, e que contribua para a paz global.

Para mais informações, visite en.hr-party.jp

Universidade Happy Science

O espírito fundador e a meta da educação

Com base na filosofia fundadora da universidade, que é de "Busca da felicidade e criação de uma nova civilização", são oferecidos educação, pesquisa e estudos para ajudar os estudantes a adquirirem profunda compreensão, assentada na sabedoria religiosa, e uma expertise avançada, para com isso produzir "grandes talentos de virtude", que possam contribuir de maneira abrangente para servir o Japão e a comunidade internacional.

Visão geral das faculdades e departamentos

– Faculdade de Felicidade Humana, Departamento de Felicidade Humana

Nesta faculdade, os estudantes examinam as ciências humanas sob vários pontos de vista, com uma abordagem multidisciplinar, a fim de poder explorar e vislumbrar um estado ideal dos seres humanos e da sociedade.

– Faculdade de Administração de Sucesso, Departamento de Administração de Sucesso

Esta faculdade tem por objetivo tratar da administração de sucesso, ajudando entidades organizacionais de todo tipo a criar valor e riqueza para a sociedade e contribuir para a felicidade e o desenvolvimento da administração e dos empregados, assim como da sociedade como um todo.

– Faculdade da Indústria Futura, Departamento de Tecnologia Industrial

O objetivo desta faculdade é formar engenheiros capazes de resolver várias das questões enfrentadas pela civilização moderna, do ponto de vista tecnológico, contribuindo para criar novos setores no futuro.

Academia Happy Science
Escola Secundária de Primeiro e Segundo Grau

A Academia Happy Science de Primeiro e Segundo Grau é uma escola em período integral fundada com o objetivo de educar os futuros líderes do mundo para que tenham uma visão ampla, perseverem e assumam novos desafios. Hoje há dois campi no Japão: o Campus Sede de Nasu, na província de Tochigi, fundado em 2010, e o Campus Kansai, na província de Shiga, fundado em 2013.

Filmes da Happy Science

O mestre Okawa é criador e produtor executivo de onze filmes, que receberam vários prêmios e reconhecimento ao redor do mundo.

Títulos dos filmes:

- As Terríveis Revelações de Nostradamus (1994)
- Hermes – Ventos do Amor (1997)
- As Leis do Sol (2000)
- As Leis Douradas (2003)
- As Leis da Eternidade (2006)
- O Renascimento de Buda (2009)
- O Julgamento Final (2012)
- As Leis Místicas (2012)
- As Leis do Universo (2015)
- Estou Bem, Meu Anjo (2016)
- O Mundo em que Vivemos (2017)

As Leis Místicas

Vencedor do "Prêmio Remi Especial do Júri 2013" para Produções Teatrais no Festival de Cinema Internacional WorldFest, de Houston

Outros Prêmios recebidos por *As Leis Místicas*:
- Festival de Cinema Internacional de Palm Beach (indicado entre os Melhores da Seleção Oficial)
- Festival de Cinema Asiático de Dallas, Seleção Oficial
- 4º Festival Anual Proctors de Animação, Seleção Oficial
- Festival Europa de Filmes Budistas, Seleção Oficial
- Festival do Filme Japonês de Hamburgo, Seleção Oficial
- MONSTRA – Festival de Animação de Lisboa, Seleção Oficial

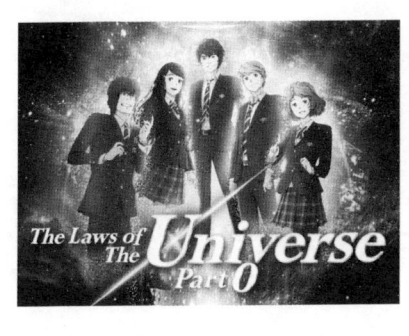

As Leis do Universo (Parte 0)

Estou Bem, Meu Anjo

Outros livros de Ryuho Okawa

SÉRIE LEIS

As Leis do Sol
A Gênese e o Plano de Deus
IRH Press do Brasil

Neste livro poderoso, Okawa revela a natureza transcendental da consciência e os segredos do nosso universo multidimensional, bem como o lugar que ocupamos nele. Ao compreender as leis naturais que regem o universo e desenvolver sabedoria pela reflexão com base nos Oito Corretos Caminhos ensinados no budismo, o autor tem como acelerar nosso eterno processo de desenvolvimento e ascensão espiritual. Também indica o caminho para se chegar à verdadeira felicidade. Edição revista e ampliada.

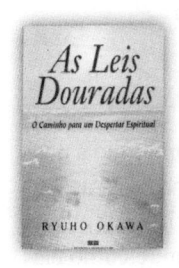

As Leis Douradas
O Caminho para um Despertar Espiritual
Editora Best Seller

Ao longo da história, os Grandes Espíritos Guias de Luz, como Buda Shakyamuni, Jesus Cristo, Krishna e Maomé, têm estado presentes na Terra, em momentos cruciais da história humana, para cuidar do nosso desenvolvimento espiritual. Este livro traz a visão do Supremo Espírito que rege o Grupo Espiritual da Terra, El Cantare, revelando como o plano de Deus tem sido concretizado ao longo do tempo. Depende de todos nós vencer o desafio, trabalhando juntos para ampliar a Luz.

As Leis Místicas
Transcendendo as Dimensões Espirituais
IRH Press do Brasil

A humanidade está entrando numa nova era de despertar espiritual graças a um grandioso plano, estabelecido há mais de 150 anos pelos Espíritos Superiores. Aqui são esclarecidas questões sobre espiritualidade, misticismo, possessões e fenômenos místicos, canalizações, comunicações espirituais e milagres que não foram ensinados nas escolas nem nas religiões. Você compreenderá o verdadeiro significado da vida na Terra, fortalecerá sua fé e religiosidade, despertando o poder de superar seus limites e até manifestar milagres por meio de fenômenos sobrenaturais.

As Leis da Imortalidade
O Despertar Espiritual para uma
Nova Era Espacial
IRH Press do Brasil

Milagres ocorrem de fato o tempo todo à nossa volta. Aqui, o mestre Okawa revela as verdades sobre os fenômenos espirituais e ensina que as leis espirituais eternas realmente existem, e como elas moldam o nosso planeta e os mundos além deste que conhecemos. Milagres e ocorrências espirituais dependem não só do Mundo Celestial, mas sobretudo de cada um de nós e do poder contido em nosso interior – o poder da fé.

As Leis da Salvação
Fé e a Sociedade Futura
IRH Press do Brasil

O livro analisa o tema da fé e traz explicações relevantes para qualquer pessoa, pois ajudam a elucidar os mecanismos da vida e o que ocorre depois dela, permitindo que os seres humanos adquiram maior grau de compreensão, progresso e felicidade. Também aborda questões importantes, como a verdadeira natureza do homem enquanto ser espiritual, a necessidade da religião, a existência do bem e do mal, o papel das escolhas, a possibilidade do apocalipse, como seguir o caminho da fé e ter esperança no futuro, entre outros temas.

As Leis da Eternidade
A Revelação dos Segredos das Dimensões Espirituais do Universo
Editora Cultrix

Cada uma de nossas vidas é parte de uma série de vidas cuja realidade se assenta no outro mundo espiritual. Neste livro esclarecedor, Ryuho Okawa revela os aspectos multidimensionais do Outro Mundo, descrevendo suas dimensões, características e as leis que o governam. Ele também explica por que é essencial para nós compreendermos a estrutura e a história do mundo espiritual, e percebermos a razão de nossa vida – como parte da preparação para a Era Dourada que está por se iniciar.

As Leis da Felicidade
Os Quatro Princípios para uma Vida Bem-Sucedida
Editora Cultrix

Este livro é uma introdução básica aos ensinamentos de Ryuho Okawa, ilustrando o cerne de sua filosofia. O autor ensina que, se as pessoas conseguem dominar os Princípios da Felicidade – Amor, Conhecimento, Reflexão e Desenvolvimento –, podem fazer a vida delas brilhar, tanto neste mundo como no outro, pois esses princípios são os recursos para escapar do sofrimento e que conduzem as pessoas à verdadeira felicidade.

As Leis da Sabedoria
Faça Seu Diamante Interior Brilhar
IRH Press do Brasil

Neste livro, Okawa descreve, sob diversas óticas, a sabedoria que devemos adquirir na vida. Apresenta valiosos conceitos sobre o modo de viver, dicas para produção intelectual e os segredos da boa gestão empresarial. Depois da morte, a única coisa que o ser humano pode levar de volta consigo para o outro mundo é seu "coração". E dentro dele reside a "sabedoria", a parte que preserva o brilho de um diamante. A Iluminação na vida moderna é um processo diversificado e complexo. No entanto, o mais importante é jogar um raio de luz sobre seu modo de vida e, com seus próprios esforços, produzir magníficos cristais durante sua preciosa passagem pela Terra.

As Leis da Justiça
Como Resolver os Conflitos Mundiais e Alcançar a Paz
IRH Press do Brasil

O autor afirma: "Com este livro, fui além do âmbito de um trabalho acadêmico. Em outras palavras, assumi o desafio de colocar as revelações de Deus como um tema de estudo acadêmico. Busquei formular uma imagem de como a justiça deveria ser neste mundo, vista da perspectiva de Deus ou de Buda. Para isso, fui além do conhecimento acadêmico de destacados estudiosos do Japão e do mundo, assim como do saber de primeiros-ministros e presidentes. Alguns de meus leitores sentirão nestas palavras a presença de Deus no nível global".

As Leis do Futuro
Os Sinais da Nova Era
IRH Press do Brasil

O futuro está em suas mãos. O destino não é algo imutável e pode ser alterado por seus pensamentos e suas escolhas. Tudo depende de seu despertar interior, pois só assim é possível criar um futuro brilhante. Podemos encontrar o Caminho da Vitória usando a força do pensamento para obter sucesso na vida material e espiritual. O desânimo e o fracasso são coisas que não existem de fato: não passam de lições para o nosso aprimoramento nesta escola chamada Terra. Ao ler este livro, a esperança renascerá em seu coração e você cruzará o portal para a nova era.

As Leis da Perseverança
Como Romper os Dogmas da Sociedade e Superar as Fases Difíceis da Vida
IRH Press do Brasil

Ao ler este livro, você compreenderá que pode mudar sua maneira de pensar e vencer os obstáculos que os dogmas e o senso comum da sociedade colocam em nosso caminho, apoiando-se numa força que o ajudará a superar as provações: a perseverança. Nem sempre o caminho mais fácil é o correto e o mais sábio. Aqui, o mestre Okawa compartilha seus segredos no uso da perseverança e do esforço para fortalecer sua mente, superar suas limitações e resistir ao longo do caminho que o conduzirá a uma vitória infalível.

As Leis da Missão
Desperte Agora para as Verdades Espirituais
IRH Press do Brasil

Estas são as leis do milagre para se viver a era do coração. São leis repletas de misericórdia, ainda que fundamentadas na sabedoria. Poucas pessoas têm consciência de que estão trilhando os tempos da Luz, porque o mundo de hoje está repleto de catástrofes e infelicidades. Por isso mesmo o autor afirma: "Agora é a hora". Quando a humanidade está se debatendo no mais profundo sofrimento, é neste momento que Deus está mais presente. As Leis da Missão foram, de fato, pregadas. Estas também são as leis da salvação e, ao mesmo tempo, do amor, do perdão e da verdade. Como é difícil falar sobre o mundo da fé àqueles que só acreditam naquilo que pode ser comprovado cientificamente. Aqui estão as respostas para suas dúvidas. Construa um túnel para perfurar a montanha da teoria.

As Leis da Invencibilidade
Como Desenvolver uma Mente Estratégica e Gerencial
IRH Press do Brasil

O autor desenvolveu uma filosofia sobre a felicidade que se estende ao longo desta vida e prossegue na vida após a morte. Seus fundamentos são os mesmos do budismo, que diz que o estado mental que mantivermos nesta vida irá determinar nosso destino no outro mundo. Ryuho Okawa afirma: "Desejo fervorosamente que todas as pessoas alcancem a verdadeira felicidade neste mundo e que ela persista na vida após a morte. Um intenso sentimento meu está contido na palavra 'invencibilidade'. Espero que este livro dê coragem e sabedoria àqueles que o leem hoje e às pessoas das gerações futuras".

SÉRIE ENTREVISTAS ESPIRITUAIS

Mensagens do Céu
Revelações de Jesus, Buda, Moisés e Maomé para o Mundo Moderno
IRH Press do Brasil

Ryuho Okawa compartilha as mensagens desses quatro espíritos, recebidas por comunicação espiritual, e o que eles desejam que as pessoas da presente época saibam. Jesus envia mensagens de amor, fé e perdão; Buda ensina sobre o "eu" interior, perseverança, sucesso e iluminação na vida terrena; Moisés explora o sentido da retidão, do pecado e da justiça; e Maomé trata de questões sobre a tolerância, a fé e os milagres. Você compreenderá como esses líderes religiosos influenciaram a humanidade ao expor sua visão a respeito das Verdades Universais e por que cada um deles era um mensageiro de Deus empenhado em guiar as pessoas.

A Última Mensagem de Nelson Mandela para o Mundo
Uma Conversa com Madiba Seis Horas Após Sua Morte
IRH Press do Brasil

Nelson Mandela, conhecido como Madiba, veio até o mestre Okawa seis horas após seu falecimento e transmitiu sua última mensagem de amor e justiça para todos, antes de retornar ao Mundo Espiritual. Porém, a revelação mais surpreendente deste livro é que Mandela é um Grande Anjo de Luz, trazido a este mundo para promover a justiça divina, e que, no passado remoto, foi um grande herói da Bíblia.

Walt Disney
Os Segredos da Magia que Encanta as Pessoas
IRH Press do Brasil

Walt Disney foi o criador de Mickey Mouse e fundador do império conhecido como Disney World; lançou diversos desenhos animados que obtiveram reconhecimento global e, graças à sua atuação diversificada, estabeleceu uma base sólida para os vários empreendimentos de entretenimento. Nesta entrevista espiritual, ele nos revela os segredos do sucesso que o consagrou como um dos mais bem-sucedidos empresários da área de entretenimento do mundo contemporâneo.

A Verdade sobre o Massacre de Nanquim
Revelações de Iris Chang
IRH Press do Brasil

Iris Chang, jornalista norte-americana de ascendência chinesa, ganhou notoriedade após lançar, em 1997, *O Estupro de Nanquim*, em que denuncia as atrocidades cometidas pelo Exército Imperial Japonês durante a Guerra Sino-Japonesa, em 1938-39. Foi a partir da publicação da obra que a expressão "Massacre de Nanquim" passou a ser conhecida e recentemente voltou à tona, espalhando-se depressa dos Estados Unidos para o mundo. Atualmente, porém, essas afirmações vêm sendo questionadas. Para esclarecer o assunto, Okawa invocou o espírito da jornalista dez anos após sua morte e revela, aqui, o estado de Chang à época de sua morte e a grande possibilidade de uma conspiração por trás de seu livro.

O Próximo Grande Despertar
Um Renascimento Espiritual
IRH Press do Brasil

Esta obra traz revelações surpreendentes, que podem desafiar suas crenças. São mensagens transmitidas pelos Espíritos Superiores ao mestre Okawa, para que você compreenda a verdade sobre o que chamamos de "realidade". Se você ainda não está convencido de que há muito mais coisas do que aquilo que podemos ver, ouvir, tocar e experimentar; se você ainda não está certo de que os Espíritos Superiores, os Anjos da Guarda e os alienígenas existem aqui na Terra, então leia este livro.

Mensagens de Jesus Cristo
A Ressurreição do Amor
Editora Cultrix

Assim como muitos outros Espíritos Superiores, Jesus Cristo tem transmitido diversas mensagens espirituais ao mestre Okawa, cujo objetivo é orientar a humanidade e despertá-la para uma nova era de espiritualidade.

SÉRIE AUTOAJUDA

THINK BIG – Pense Grande
O Poder para Criar o Seu Futuro
IRH Press do Brasil

Tudo na vida das pessoas manifesta-se de acordo com o pensamento que elas mantêm diariamente em seu coração. A ação começa dentro da mente. A capacidade de criar de cada pessoa limita-se à sua capacidade de pensar. Ao conhecermos a Verdade sobre o poder do pensamento, teremos em nossas mãos o poder da prosperidade, da felicidade, da saúde e da liberdade de seguir nossos rumos, independentemente das coisas que nos prendem a este mundo material. Com este livro, você aprenderá o verdadeiro significado do Pensamento Positivo e como usá-lo de forma efetiva para concretizar seus sonhos. Leia e descubra como ser positivo, corajoso e realizar seus sonhos.

Estou Bem!
7 Passos para uma Vida Feliz
IRH Press do Brasil

Diferentemente dos textos de autoajuda escritos no Ocidente, este livro traz filosofias universais que irão atender às necessidades de qualquer pessoa. Um tesouro repleto de reflexões que transcendem as diferenças culturais, geográficas, religiosas e raciais. É uma fonte de inspiração e transformação que dá instruções concretas para uma vida feliz. Seguindo os passos deste livro, você poderá dizer: "Estou bem!" com convicção e um sorriso amplo, onde quer que esteja e diante de qualquer circunstância que a vida lhe apresente.

Pensamento Vencedor
Estratégia para Transformar o Fracasso em Sucesso
Editora Cultrix

A vida pode ser comparada à construção de um túnel, pois muitas vezes temos a impressão de ter pela frente como obstáculo uma rocha sólida. O pensamento vencedor opera como uma poderosa broca, capaz de perfurar essa rocha. Quando praticamos esse tipo de pensamento, nunca nos sentimos derrotados em nossa vida. Esse pensamento baseia-se nos ensinamentos de reflexão e desenvolvimento necessários para superar as dificuldades da vida e obter prosperidade. Ao ler, saborear e estudar a filosofia contida neste livro e colocá-la em prática, você será capaz de declarar que não existe essa coisa chamada derrota – só existe o sucesso.

Mude Sua Vida, Mude o Mundo
Um Guia Espiritual para Viver Agora
IRH Press do Brasil

Este livro é uma mensagem de esperança, que contém a solução para o estado de crise em que nos encontramos hoje, quando a guerra, o terrorismo e os desastres econômicos provocam dor e sofrimento por todos os continentes. É um chamado para nos fazer despertar para a Verdade de nossa ascendência, para que todos nós, como irmãos, possamos reconstruir o planeta e transformá-lo numa terra de paz, prosperidade e felicidade.

Trabalho e Amor
Como Construir uma Carreira Brilhante
IRH Press do Brasil

O sucesso no trabalho pode trazer muita alegria. Mas só encontramos verdadeiro prazer ao cumprir nossa vocação com paixão e propósito – então, nosso sucesso é abençoado de verdade. Quando cumprimos nossa vocação, conseguimos superar todos os obstáculos, pois sabemos que nosso trabalho confere valor à vida dos outros e traz sentido e satisfação para a nossa vida. Aqui, Okawa introduz 10 princípios para você desenvolver sua vocação e conferir valor, propósito e uma devoção de coração ao trabalho com o qual sempre sonhou. Você irá descobrir princípios que propiciam: trabalho de alto nível; avanço na carreira; atitude mental voltada para o desenvolvimento e a liderança; poder do descanso e do relaxamento; liberação do verdadeiro potencial; saúde e vitalidade duradouras.

A Mente Inabalável
Como Superar as Dificuldades da Vida
IRH Press do Brasil

Muitas vezes somos incapazes de lidar com os obstáculos da vida, sejam eles problemas pessoais ou profissionais, tragédias inesperadas ou dificuldades que nos acompanham há tempos. Para o autor, a melhor solução para tais situações é ter uma mente inabalável. Neste livro, ele descreve maneiras de adquirir confiança em si mesmo e alcançar o crescimento espiritual, adotando como base uma perspectiva espiritual.

O milagre da meditação
Conquiste Paz, Alegria e Poder Interior
IRH Press do Brasil

A meditação pode abrir sua mente para o potencial de transformação que existe dentro de você e conecta sua alma à sabedoria celestial – tudo pela força da fé. Este livro combina o poder da fé e a prática da meditação para ajudá-lo a conquistar paz interior, descobrir sua natureza divina, encontrar seu "eu" ideal e cultivar uma vida com propósitos firmes de altruísmo e compaixão. Você vai aprender métodos para:
- acalmar seu coração e sentir paz interior;
- superar a raiva, a ansiedade, a angústia e o medo;
- criar uma profunda consciência sobre o significado da vida;
- compreender o propósito e o significado de seus problemas;
- criar um futuro brilhante nos relacionamentos e em sua carreira profissional;
- alcançar objetivos e realizar seus sonhos de vida.

SÉRIE FELICIDADE

O Caminho da Felicidade
Torne-se um Anjo na Terra
IRH Press do Brasil

Aqui se encontra a íntegra dos ensinamentos das Verdades espirituais transmitidas por Ryuho Okawa e que serve de introdução aos que buscam o aperfeiçoamento espiritual. Okawa apresenta "Verdades Universais" que podem transformar sua vida e conduzi-lo para o caminho da felicidade. A sabedoria contida neste livro é intensa e profunda, porém simples, e pode ajudar a humanidade a alcançar uma era de paz e harmonia na Terra.

Manifesto do Partido da Realização da Felicidade
Um Projeto para o Futuro de uma Nação
IRH Press do Brasil

Nesta obra, o autor declara: "Devemos mobilizar o potencial das pessoas que reconhecem a existência de Deus e de Buda, além de acreditar na Verdade, e trabalhar para construir uma utopia mundial. Devemos fazer do Japão o ponto de partida de nossas atividades políticas e causar impacto no mundo todo". Iremos nos afastar das forças políticas que trazem infelicidade à humanidade, criar um terreno sólido para a verdade e, com base nela, administrar o Estado e conduzir a política do país.

Ame, Nutra e Perdoe
Um Guia Capaz de Iluminar Sua Vida
IRH Press do Brasil

O autor traz uma filosofia de vida na qual revela os segredos para o crescimento espiritual através dos Estágios do amor. Cada estágio representa um nível de elevação no desenvolvimento espiritual. O objetivo do aprimoramento da alma humana na Terra é progredir por esses estágios e desenvolver uma nova visão do maior poder espiritual concedido aos seres humanos: o amor.

A Essência de Buda
*O Caminho da Iluminação e
da Espiritualidade Superior*
IRH Press do Brasil

Este guia mostra como viver com um verdadeiro propósito. Traz uma visão contemporânea do caminho que vai muito além do budismo, para orientar os que estão em busca da iluminação e da espiritualidade. Você descobrirá que os fundamentos espiritualistas, tão difundidos hoje, na verdade foram ensinados por Buda Shakyamuni e fazem parte do budismo, como os Oito Corretos Caminhos, as Seis Perfeições e a Lei de Causa e Efeito, o Vazio, o Carma e a Reencarnação, entre outros.

Convite à Felicidade
7 inspirações do seu anjo interior
IRH Press do Brasil

Este livro convida você a ter uma vida mais autêntica e satisfatória. Em suas páginas, você vai encontrar métodos práticos que o ajudarão a criar novos hábitos e levar uma vida mais despreocupada, completa e espiritualizada. Por meio de 7 inspirações, você será guiado até o anjo que existe em seu interior – a força que o ajuda a obter coragem e inspiração e ser verdadeiro consigo mesmo. Você vai compreender qual é a base necessária para viver com mais confiança, tranquilidade e sabedoria:

- exercícios de meditação, reflexão e concentração respiratória fáceis de usar;
- visualizações orientadas para criar uma vida melhor e obter paz em seu coração;
- espaços para você anotar as inspirações recebidas do seu anjo interior;
- dicas para compreender como fazer a contemplação;
- planos de ação simples, explicados passo a passo.

As Chaves da Felicidade
Os 10 Princípios para Manifestar a Sua Natureza Divina
Editora Cultrix

Neste livro, o mestre Okawa mostra de forma simples e prática como podemos desenvolver nossa vida de forma brilhante e feliz neste mundo e no outro. O autor ensina os 10 princípios básicos

– Felicidade, Amor, Coração, Iluminação, Desenvolvimento, Conhecimento, Utopia, Salvação, Reflexão e Oração – que servem de bússola para nosso crescimento espiritual e felicidade.

O Ponto de Partida da Felicidade
Um Guia Prático e Intuitivo para Descobrir o Amor, a Sabedoria e a Fé
Editora Cultrix

Neste livro, Okawa ilustra como podemos obter a felicidade e levar a vida com um propósito. Como seres humanos, viemos a este mundo sem nada e sem nada o deixaremos. Podemos nos dedicar à aquisição de propriedades e bens materiais ou buscar o verdadeiro caminho da felicidade – construído com o amor que dá, que acolhe a luz. Okawa nos mostra como alcançar a felicidade e ter uma vida plena de sentido.

Curando a Si Mesmo
A Verdadeira Relação entre Corpo e Espírito
Editora Cultrix

O autor revela as verdadeiras causas das doenças e os remédios para várias delas, que a medicina moderna ainda não consegue curar, oferecendo não apenas conselhos espirituais, mas também de natureza prática. Seguindo os passos aqui sugeridos, sua vida mudará completamente e você descobrirá a verdade sobre a mente e o corpo. Este livro contém revelações sobre o funcionamento da possessão espiritual e como podemos nos livrar dela, além de mostrar os segredos do funcionamento da alma e como o corpo humano está ligado ao plano espiritual.

O Renascimento de Buda
A Sabedoria para Transformar Sua Vida
IRH Press do Brasil

Ao longo dos séculos, milhões de pessoas vêm estudando o budismo, mas sua essência nunca foi pregada de forma tão direta como neste livro. Seu conteúdo, por estar em forma de mensagens faladas, é de fácil compreensão, e suas palavras, profundamente comoventes. Trata-se de uma obra imprescindível aos praticantes do caminho ascético, sejam eles homens ou mulheres. Em alguns trechos, talvez os leitores considerem as palavras muito rigorosas, mas o caminho que lhes é indicado é também bastante rigoroso, pois não há como atingir o pico da montanha da Verdade Búdica portando-se como simples espectador.

RR DONNELLEY

IMPRESSÃO E ACABAMENTO
Av Tucunaré 299 - Tamboré
Cep. 06460.020 - Barueri - SP - Brasil
Tel.: (55-11) 2148 3500 (55-21) 3906 2300
Fax: (55-11) 2148 3701 (55-21) 3906 2324